Artes Comunitarias Para Los Propositos De Dios

Celebra · Conoce · Define · Conecta · Analiza · Despiera · Mejora

Kristin van Lieshout

Artes Comunitarias Para los Propósitos de Dios

Como Crear Arte Local Juntos

Brian Schrag y Julisa Rowe

WILLIAM CAREY PUBLISHING

Available at missionbooks.org

Artes Comunitarias Para los Propósitos de Dios: Como Crear Arte Local Juntos

Derechos de Autor © 2021 GEN (Global Ethnodoxology Network) Red Global de Etnodoxología

Todos los derechos reservados. Ninguna parte de la presente publicación puede ser reproducida, almacenada en sistemas de recuperación de datos, transmitida o utilizada de cualquier otra manera o a través de cualquier medio, electrónico, mecánico, fotocopias, grabaciones o de cualquier otra forma, sin la autorización escrita de los dueños de copyright, con excepción a breves citaciones usadas para reseñas o artículos en revistas y periódicos. Para permisos, escriba al email permissions@wclbooks.com. Para correciones, al email editor@wclbooks.com.

Todas las citas de las Escrituras, a menos que se indique lo contrario son de la Santa Biblia, Nueva Versión Internacional® (NIV®), copyright © 1973, 1978, 1984, 2011 por Bíblica, Inc.™ Usado con permiso de Zondervan. Todos los derechos reservados en todo el mundo. www.zondervan.com La "NVI" y "Nueva Versión International" son marcas comerciales registradas en la Oficina de patentes y marcas comerciales de Estados Unidos por Bíblica, Inc.™

Las citas bíblicas marcadas como NTV son de la Santa Biblia, Nueva Traducción Viviente.® copyright © 1996, 2004, 2007 by Tyndale House Foundation.
Usada con permiso de Tyndale House Publishers, Inc., Carol Stream, Illinois 60188. Todos los derechos reservados.

Publicado con permiso de Global Ethnodoxoly Network (Red Global de Etnodoxología),1369 Green Hills Court, Duncanville, Texas 75137

Traducción: Maira Castro

Versión en español coordinada por
ALDEA (Asociación Latinoamericana de EtnoArtes)
www.etnoartes.com
Coordinación de Traducción: Paul Shelton
Revisión y corrección: Jhonny A. Nieto Ossa
Julio de 2020   Ninoshka I. Gelpí Salas

Publicado por William Carey Publishing
10 W. Dry Creek Cir
Littleton, CO 80120 | www.missionbooks.org

William Carey Publishing es un ministerio de Frontier Ventures
Pasadena, CA 91104 | www.frontierventures.org

Diseño de Portada: Mike Riester
Diseño Interior: Mike Riester and Larry/Nord Compo
Puntura de la Portada: Kristin van Lieshout
Editora de Simplificación: Julie Johnson

ISBNs: 978-1-64508-359-7 (Libro de bolsillo), 978-1-64508-360-3 (mobi), 978-1-64508-361-0 (epub), 978-1-64508-180-7 (English paperback)

Impreso en todo el Mundo
25 24 23 22 21 1 2 3 4 5 IN

Datos de la Biblioteca del Congreso archivados con el editor

CONTENIDO

Prólogo vii
Prepárate xi

USA EL MÉTODO *CREACIÓN DE ARTE LOCAL EN CONJUNTO*

Resumen de Creación de Arte Local en Conjunto (CALC)
Paso 1: Conoce una comunidad y su arte. 1
Paso 2: Define los objetivos para un futuro mejor 7
Paso 3: Conecta los objetivos a los géneros 17
Paso 4: Analiza los géneros y los eventos. 21
Paso 5: Despierta la creatividad 43
Paso 6: Mejora lo hecho. 51
Paso 7: Celebra e integra en pos de la continuidad. 55

AYUDAS

1: Perfil Artístico De La Comunidad (PAC) – Un Bosquejo Como Ejemplo 57
2: Resumen de firma de decisiones. 60
3: Creación de arte local en conjunto (CALC): resumen 61

FIGURAS

Figura 01: Contextualización Cuidadosa. xiv
Figura 02: Creación de Arte Local en Conjunto xxiv
Figura 03: Actividades simples de interacción con las artes xxxii
Figura 04: Creación de Arte Local en Conjunto (CALC): Resumen. xxxiv
Figura 05: Estudiar la comunidad: algunas preguntas para hacer 2
Figura 06: ¿Cómo identificar actividades de comunicación artística? 3
Figura 07: Una tabla comparativa de géneros artísticos ámonos (RD Congo) como un ejemplo. . . .5
Figura 08: Simplificar la visión de Conectar los Géneros con Objetivos 17
Figura 09: Consejo simple para grabación de audio y grabación visual 22
Figura 10: Características de un evento artístico apto para ser estudiado. 23
Figura 11: Características de la presentación. 29
Figura 12: Elementos a registrar cuando diseñas una actividad de creación 50
Figura 13: Evaluación efectiva. 53

PRÓLOGO

Este manual presenta varios conceptos nuevos, tales como las 'grandes ideas' que se mencionan a continuación, las cuales continuarán desarrollándose a lo largo del manual.

Grandes ideas

Los sistemas de creación artística tienen componentes conectados entre sí: conocimiento, habilidades, recursos físicos, patrones sociales y personas involucradas en distintos roles.

Los sistemas creativos son difíciles de describir en su totalidad. No muchas personas de cualquier comunidad pueden describir sus propios sistemas de creación de forma adecuada. El proceso que este manual presenta pretende revelar la dinámica y los detalles de estos sistemas.

No hay formas artísticas que comuniquen universalmente un mensaje planeado.

Se dice muy a menudo: «la música es un lenguaje universal». Las personas creen que esta declaración es verdadera. Creen que la música comunica lo mismo en cada cultura. Este dicho viene de un poeta norteamericano, Henry Wadsworth Longfellow, quien escribió que «la música es el lenguaje universal de la raza humana, y la poesía, su pasatiempo y deleite universal». Sin embargo, él celebra la variedad musical en canciones italianas, suizas, suecas, inglesas y españolas. Él no quiso decir que la música es igual en cada cultura.

En el manual veremos ejemplos que apoyan la idea de que tanto la música como otras artes existen universalmente. De todos modos, cada uno de los modos artísticos de comunicación toman forma y significados que son particulares a cada comunidad.

La creatividad local tiene beneficios esenciales que la creatividad "de afuera" no puede proveer.

Los beneficios de la creatividad local incluyen una comunicación más penetrante, relevante, memorable y cautivante para educar y motivar.

Toda comunidad puede beneficiarse de una mayor creatividad local.

Toda comunidad necesita una mayor creación local. Las minorías etnolingüísticas cuyas artes están inactivas o incluso muriendo necesitan la creatividad local con mayor urgencia.

Ciertos tipos de creaciones artísticas pueden ayudar a las comunidades a alcanzar sus metas.

Este manual describe un método de siete pasos. El método se denomina Creación de Arte Local en Conjunto (CALC; al que también podemos referirnos como *co-creación*). Cuando una comunidad sigue estos pasos, es muy probable que sucedan cambios positivos.

Un promotor de las artes que implementa el método de los siete pasos puede influir de manera positiva en la creatividad local.

Un promotor de las artes puede ser alguien de la comunidad, alguien de afuera, o alguien que conoce ambas identidades.

El principal trabajo de un promotor de las artes es animar a *otros* a desarrollar nuevas piezas artísticas.

La actitud del promotor de las artes hacia una comunidad debe ser de aprendiz, dialogador, facilitador y animador.

Aprender sobre los géneros artísticos de una comunidad va primero.

El fundamento del contenido de este manual es entender las artes con las que una comunidad se identifica y ponerlas en uso. Por ello, la principal tarea de la comunidad será hacer una lista de todos los géneros artísticos locales (Conoce una comunidad y su arte local, **Paso 1**). En el **Paso 4**, veremos cómo el dominio artístico euro-americano de música, danza, teatro, oralidad y artes visuales se relaciona con los géneros artísticos locales. Conviene comenzar por la clasificación de los géneros locales, ya que es menos confuso que hacerlo por las categorías occidentales.

La mejor manera de entender la misión actual de la Iglesia en la tierra es en relación a la historia global de Dios: Él creó el universo, el ser humano rompió la relación con Él, Jesús trajo el Reino de los cielos, y Dios llevará todo a su perfección al final de los tiempos.

Un grupo de cristianos no sólo debe desarrollar las artes producidas por la historia particular de su comunidad sino que también debe estar atento a la "capacidad artística" de Dios. Es necesario estar conscientes de su propósito en el resto de la creación de Dios y en los cielos.

¿Quién debe usar este manual?

Originalmente, hemos planeado el manual como una herramienta para cristianos que trabajan profesionalmente en contextos interculturales. Esto podría incluir a misioneros, voluntarios de ayuda humanitaria y otros. De cualquier manera, el método que presentamos aquí puede ser aplicado también a muchas situaciones que son menos interculturales.

Un director de alabanza de una iglesia local dijo: «Necesito hacer esto. Primero debo conocer a mi congregación, y luego alentar a distintos artistas a crear nuevas formas para cumplir los propósitos de Dios».

Podríamos decir que su declaración tiene sentido. Cada individuo representa experiencias únicas, ideas, conexiones neurológicas, cualidades físicas, emociones y otras características que ninguna otra persona puede llegar a conocer en su totalidad. Si quieres comprometerte con gente de una lengua, cosmovisión, geografía, dieta y patrones sociales diferentes, deberás emplear mucho esfuerzo y habilidades. Aquí te proveemos un estudio riguroso y otras actividades para ayudarte.

Podrías practicar este enfoque con gente que es muy parecida a ti, tu mejor amigo o tu esposo/a. De hecho, podrías seguir el proceso CALC para aprender algo nuevo sobre tus propios talentos artísticos o metas personales de vida. Podrías crear algo artístico para perfeccionar tu propio futuro.

La mayoría de las veces utilizamos ejemplos donde las personas involucradas deben cruzar grandes barreras culturales, pero no permitas que eso te impida encontrar otras aplicaciones.

Historia y Reconocimientos

Llamemos este libro la *Versión Breve* del Manual CALC. Lo hemos creado extrayendo la información más esencial de dos libros: *Worship and Mission for the Global Church: An Ethnodoxology Handbook*, y *Creating Local Arts Together: A Manual to Help Communities Reach Their Kingdom Goals* (William Carey Library, 2013). Muchas personas han contribuido con sus dones para realizar estos dos volúmenes.

El manual *CALC Versión breve* permite que esta colección de sabiduría esté al alcance de un grupo más grande de lectores, y se focaliza en las ideas y herramientas más prácticas.

El manual está saturado de cientos de ideas y acontecimientos, pero se orienta a la comprensión del presente. Lo dirige la visión de un futuro mejor: el Reino de los cielos. Los escritores que han contribuido aquí aportaron sus ideas desde disciplinas académicas como etnomusicología, folklore, artes escénicas, antropología, teología y misionología. También nos sirvieron de guía y dirección los ejemplos de las contribuciones artísticas tomados de los 2000 años de historia de la Iglesia. Y en lo más reciente, debemos la mayor parte de nuestro estudio a personas que fueron pioneras en la aplicación de la etnomusicología con objetivos cristianos, como los doctores Vida Chenoweth, Roberta King y Tom Avery. Finalmente, este manual no habría sido posible sin la energía y conexiones que Robin Harris y la Red Global de Etnodoxología (*Global Ethnodoxology Network* – GEN) han provisto.

El manual *CALC Versión breve* es una obra imperfecta que continuará creciendo. Irá engendrando nuevas obras de diferentes formas y en diferentes lugares. Nos hacemos responsables de su contenido y perfil actual, y también queremos disculparnos por cualquier error u omisión. Ahora es tuyo; podrás tomarlo, usarlo, agregar cosas o descartar partes de éste. Ahora *tú* tienes la responsabilidad y el gusto de usar el manual. Permite que sea una ayuda para crear asombrosos destellos de arte en la tierra que podrás reconocer en el cielo.

Brian Schrag y Julisa Rowe, 2020

Nota sobre las Versiones

Desde el 2017, este Manual abreviado CALC ha tenido cambios en algunos nombres del proceso CALC. Hemos hecho estos cambios después de años de haber usado el material en las clases de Artes Para un Futuro Mejor. Las nuevas palabras hacen el proceso limpio y fácil de enseñar. Esta es una comparación del vocabulario original y el nuevo.

Paso	Original (2013)	Revisión (2020)
1	**Conoce** una comunidad y su arte	**Conoce** una comunidad y su arte
2	**Define** los objetivos del Reino	**Define** los objetivos para un futuro mejor
3	**Selecciona** efectos, contenido, género y eventos	**Conecta** los objetivos a los géneros
4	**Analiza** un evento que contenga el género escogido	**Analiza** los géneros y los eventos
5	**Despierta** la creatividad	**Despierta** la creatividad
6	**Mejora** nuevas obras	**Mejora** lo hecho
7	**Celebra** e Integra en pos de la continuidad	**Celebra** e integra en pos de la continuidad

PREPÁRATE

Todo el arte, de todo el mundo, para todos los propósitos de Dios

REALIDAD: Las personas se comunican aproximadamente en siete mil idiomas alrededor del mundo. Expresan sus ideas a través de palabras habladas. También se comunican artísticamente a través de canciones, teatro, danza, arte visual, oral y otros medios.

REALIDAD: Todas las comunidades tienen una relación con Dios inexistente o imperfecta. Luchan con revueltas sociales, violencia, enfermedades, ira, inmoralidad sexual, ansiedad y temor.

REALIDAD: Dios dio a cada comunidad talentos únicos de comunicación artística para proclamar la verdad. Dio dones de comunicación artística para traer sanidad, esperanza y gozo en respuesta a estos problemas. Muchos de estos dones, de todos modos, yacen inutilizados, mal utilizados o incluso muertos.

El propósito de este manual es guiar tu involucramiento en el trabajo en pos de una nueva realidad. Una nueva realidad en la que *todas* las culturas usan *todos* sus dones para adorar, obedecer y disfrutar a Dios con *todo* su corazón, alma, mente y fuerzas (Marcos 12.30). En otras palabras, este manual te ayudará a trabajar al lado de músicos, bailarines, pintores, escultores, narradores y otros artistas locales. Los ayudará a trabajar juntos para inspirar la creación de nuevas canciones, danzas, obras teatrales, pinturas, esculturas e historias. Te permitirá ayudar a otras personas a llevar el Reino de Dios a sus comunidades.

Hemos organizado las actividades artísticas de acuerdo al modo en que estas pueden acercarnos hacia el Reino de Dios. ¿Qué es su Reino? Jesús enseñó a sus seguidores a orar para que el Reino de Dios viniera a la tierra

(Mateo 6.10). Lo describió como algo centrado en su persona y su mensaje (Marcos 1.15). Jesús dijo que el Reino de Dios crece grandemente, pero que nadie puede explicar cómo eso sucede (Marcos 4). Su Reino tiene valores distintos a los valores de cualquier sistema humano (Marcos 10; 12; Lucas 6). Lo acompañan sanidad y guerra espiritual (Lucas 9; 11). En la tierra, el Reino de Dios refleja el cielo tangiblemente; y Dios quiere ayudarnos a expandir su Reino en la tierra.

El reino de Dios en la tierra, hoy, sólo existe parcialmente. Actualmente toda comunidad tiene aspectos que se asemejan a los del Reino, y aspectos que lo hacen en menor medida. No hay cultura humana que exprese el Reino de Dios en su totalidad. De todos modos, como Dios nos creó a su imagen, hay destellos de su Reino en todos lados.

¿Cómo crees que luce una comunidad que está profundamente arraigada a los valores y al poder espiritual del Reino de Dios? Tiene un cuerpo cada vez mayor de seguidores de Cristo que adoran a Dios en espíritu y en verdad; que crecen sanos espiritual, social y físicamente. Los miembros mayores transmiten los aspectos de su cultura que reflejan de Dios a los más jóvenes. Cada integrante tiene acceso a la Escritura fidedigna en la lengua que mejor comprende. Niños y ancianos recuerdan las Escrituras y las aplican a sus vidas. La justicia, la honestidad, la salud y el gozo marcan a toda la comunidad. Sus miembros se cuidan y aman a las personas marginadas.

 Comparte ejemplos en los que has visto que los cielos se manifiestan sobre la tierra.

Las formas artísticas de comunicación que están en uso en una comunidad son recursos muy poderosos. Estas expresiones se insertan en la cultura y tocan aspectos muy importantes de una sociedad. Identifican mensajes importantes, lo que las distingue de las actividades cotidianas. Las expresiones artísticas locales tocan a las personas en lo intelectual, aunque también les posibilitan una experiencia emocional. Estas formas de expresión artística ayudan a recordar lo que se escucha: incrementan el impacto de un mensaje a través de múltiples medios que a menudo incluyen todo el cuerpo. Concentran la información contenida en un mensaje; inculcan solidaridad a sus intérpretes y espectadores; proveen un marco de aceptación para la expresión de ideas difíciles o nuevas. Inspiran y motivan a las personas a la acción. Pueden actuar como un símbolo fuerte de identidad. También abren espacios para los sueños y la imaginación. Tal vez, lo más importante sea que las expresiones de arte local existen y pertenecen a lo local; la traducción de materiales de otras culturas no es necesaria. En lugar de ello, se fortalece a los artistas locales para contribuir a la expansión del Reino de Dios.

 Comparte ejemplos en donde has visto la potencialidad especial de la comunicación artística.

Nuestro método te ayuda a ti y a una comunidad a trabajar juntos, a decidir en conjunto cuáles características del Reino de Dios quiere ver crecer dicha comunidad. Aquí te mostramos cómo buscar géneros artísticos locales para alcanzar los objetivos del Reino para la comunidad. También proveemos actividades a lo largo del manual que te brindarán ideas para inspirar la creatividad en esos géneros locales, y te mostramos cómo sumarte a la creatividad de otros, porque queremos ayudar a otros a usar su propia arte para nuevos propósitos, y ver estos propósitos cumplidos a lo largo del tiempo.

Nuestro Modelo:
Las tres fases del modelo de Jesús

Así es como Pablo describe el ministerio de Jesús en la Tierra:

En Humildad valorando los demás por encima de Él mismo, no mirando sus propios intereses, pero interesándose por el de los demás. En sus relaciones con unos y otros, teniendo la misma mente de Cristo Jesús: Quien, teniendo la naturaleza de Dios, no se considero igual a Dios y no tomo ventaja de ello para el mismo; prefirió hacerse nada tomando la naturaleza de siervo, siendo como un ser humano y con apariencia de hombre, se humilló así mismo siendo obediente hasta la muerte-incluso la muerte de cruz!
—Filipenses 2.3b-8, NVI

Tres aspectos de la encarnación de Cristo que muestran como deberíamos hacer misiones:

1. **Estar con**. Jesús dejó su "propia cultura" con Dios el padre y se unió a la humanidad en Palestina (la Tierra). Nuestra primer tarea en las misiones es vivir con las personas en comunidad y hacer relaciones.

2. **Aprender de.** Jesús aprendió de los seres humanos en su comunidad Palestina por alrededor de 30 años antes de empezar su ministerio. Nuestra segunda intervención como facilitadores de artes es preguntarle a la gente sobre su arte en comunidad y sus objetivos. Nosotros mostramos amor aprendiendo de ellos. Este proceso puede pasar después de largo tiempo.

3. **Trabajando hacia**. Solo después de ser humano y aprender de ellos por tres décadas Jesús anunció y cumplió su propósito públicamente (Mt 4:23). El trabajó de la mano con sus discípulos hacia los propósitos del reino.

Nuestra tercer actividad misional, después de ir a las personas y aprender de ellos, es trabajar hacia sus objetivos con ellos. Como facilitador de artes, hacemos esto explorando con amigos y colegas en la comunidad y cómo podríamos trabajar juntos usando sus artes para conocer sus objetivos.

Cuando su trabajo se hace complejo, recuérdese usted mismo estas tres actividades básicas.

¿Todos?

El título de este capítulo utiliza la palabra 'todo(s)' tres veces. ¿Qué queremos decir? «Todo el arte» no sugiere que Dios quiera a cada forma artística en su actual estado para su reino. Más bien, lo que deseamos es acercarnos a cada arte gentilmente. No deseamos juzgar el valor de una forma artística o su utilidad para el Reino hasta que Dios juzgue estas cosas. Todas las comunidades y sus artes son imperfectas por el pecado, pero Dios puede redimir todas las cosas. El proceso de integrar a las artes en el Reino requiere *re*creación.

Por ejemplo, todo el arte de una comunidad no es apropiado al mismo nivel para impulsar o promover los objetivos de Dios. Una danza en particular podría estar muy asociada con actividades inmorales o idolátricas; el uso de esa danza podría llevar a nuevos creyentes en Cristo de regreso a su vieja vida. Creemos que Dios finalmente reclamará todas las cosas para sí mismo; vea Mateo 19.28. No obstante, hoy en día la guía del Espíritu Santo y las perspectivas de los creyentes locales pueden guiar las decisiones a tomar sobre las formas artísticas específicas. Los cambios para el Reino no deben ser forzados.

«De todo el mundo» hace referencia a las miles y miles de formas en que el mundo se comunica artísticamente. Somos seres humanos limitados. No reconocemos de forma natural a las formas artísticas que son nuevas para nosotros. En especial, tenemos problemas para identificar las formas de arte de culturas extranjeras. Un objetivo de este manual es ampliar nuestra visión para ver todos los recursos potenciales. Queremos recibir más de la mirada de Dios acerca del arte.

«Para todos los propósitos de Dios» nos ayuda a recordar que Dios no limita el uso de las artes a nuestras categorías. En la Escritura vemos muchos contextos distintos para la comunicación artística: adoración congregacional, enseñanza, guerra, celebración, ritual, corrección, crecimiento personal, sanidad, confesión, recordar y muchos otros propósitos. Hemos creado este manual para ayudar a pensar las artes más allá de su uso conocido en la liturgia.

Contextualización Cuidadosa

Cuando aplicamos la escritura a una forma particular de arte en sus contexto, el Espíritu Santo nos debería dar sabiduría. Estos pasos nos proveen un acercamiento sabio, basada en mucha experiencia en oración.

1. **Reunir información** de y con los locales sobre sus formas y sus significados.
2. **Estudiar la enseñanza Bíblica** principios con la gente local que se refiera a las formas y preguntas.
3. **Evalúe** con los locales los significados de las forma locales bajo la luz de las enseñanzas Bíblicas.
4. **Animar a los locales**, basado en lo que ellos aprendieron en el proceso, amar sus propias decisiones para aceptar, rechazar alterar las formas para crear una apropiada practica contextualizada.

Figura 1. Contextualización Cuidadosa[1]

---

1 Originalmente conocida como 'contextualizacion crítica,' explicado en Paul G. Hiebert, Anthropological Insights for Missionaries (Grand Rapids, MI: Baker Book House Co., 1985), 183-192.

Prepárate

¿Qué son las artes?

En este manual, abordamos las artes como un tipo especial de comunicación. Como todo sistema de comunicación, las artes están conectadas a tiempos, lugares y contextos sociales particulares. Tienen sus propios símbolos, gramática y estructura interna. Aprender artes puede ser como aprender una lengua extranjera. Por ejemplo, en las representaciones tailandesas, un bailarín debe aprender cómo mover sus brazos, cuello y cejas para contar una historia; otras culturas no le dan la misma importancia a estos elementos para la narración. No hay lenguaje artístico que pueda comunicar lo mismo a través del tiempo, los lugares y las culturas. Para poder entender cualquier forma artística, debemos interactuar con sus ejecutores y estudiarla. Conocer a los artistas locales y sus artes es nuestro primer trabajo.

Pero las formas artísticas de comunicación difieren de otros tipos de comunicación en varios puntos importantes. Primero, la comunicación artística pone mayor énfasis en la manipulación de las formas, que en las interacciones cotidianas. Por ejemplo, la poesía puede apoyarse en patrones de sonido o del pensamiento como la rima, la asonancia o la metáfora. Un simple intercambio de información no se basará en dichos patrones. Dar vueltas alrededor de un tambor mientras se repite una secuencia de movimientos con los pies es una actividad que también se apoya fuertemente en las formas, el simple caminar de un lugar al otro no lo hace. Adoptar las expresiones faciales de un personaje mítico se vale de las formas para comunicar; que no haya expresión facial en una persona no lo hace.

Segundo, las artes revelan su singularidad como esferas limitadas de interacción. Los eventos artísticos tienen un comienzo y un final (no importa como fluyan). Entre uno y otro, las personas interactúan de formas inusualmente condicionadas. La etnomusicóloga Ruth Stone describe los eventos artísticos como un «salir y cambiar el mundo natural de la vida diaria de los participantes».[2]

En este manual te ayudamos a usar estas y otras características para descubrir y describir la comunicación artística, como también a reconocerla en cualquier comunidad en la que te encuentres, incluso en aquella a la que perteneces. Usamos parámetros de hallazgo amplios; no queremos dejar fuera ninguna comunicación que sea importante y que no se adapte a nuestras categorías existentes. Nuestra forma de ver un evento artístico abarca tanto un concierto de flamenco español, ensayos para musicales de Broadway, una pintura colgada en la pared de una cafetería, un hombre recitando un proverbio a su hija, como un lamento musical a los pies de una tumba. En el mundo se usan cientos de miles de tipos de comunicación artística, y muy frecuentemente, el uso de estos recursos se subestima.

---

2 Ruth Stone, "Communication and Interaction Processes in Music Events among the Kpelle of Liberia" (PhD diss., Indiana University, 1979), 37.(Comunicacion e interaccion Procesos en eventos musicales entre Kpelle de Liberia)

Comenta sobre los ejemplos de expresiones artísticas que haya en tu comunidad que las personas de afuera puedan no entender.

¿Cómo interactúan las artes con la cultura?

Las artes pueden tanto reflejar como influenciar a la cultura en la cual existen. La comunicación artística refleja otros aspectos de la cultura y está entrelazada, en general, con el resto de la vida. Por ejemplo, los miembros de la sociedad Kaluli de Papúa Nueva Guinea tienen una metáfora: «sonar mas alto». Para ellos, la figura del discurso tiene presencia en muchos aspectos de la vida. Esta idea subyace también en la creación musical: dos cantores alternan el rol de liderazgo y producen un entrelazado de capas de sonido yuxtapuestas. Un fenómeno similar ocurre en la conversación *kaluli*, ya que las personas "se interrumpen" unas a otras al hablar y co-crean, "sonando mas alto". En este ejemplo, la forma musical refleja un patrón de comunicación *kaluli* conocido.[3]

La comunicación artística también puede modificar a las culturas, ya que tiene habilidades únicas para motivar a las personas a la acción. Puede inspirar el sentido de solidaridad y también brindar un espacio, socialmente aceptable, en el cual disentir. Existe un ejemplo sobre las mujeres de la Iglesia Apostólica Africana del sur de África, que cuenta que en un servicio de adoración, ellas pueden hacer sus reclamos en contra de los hombres. No tienen permitido predicar a una congregación, sin embargo, pueden llegar a interrumpir un sermón con una canción que tenga una letra como ésta: «Hombres, dejen de golpear a sus mujeres. Hasta que no lo hagan, no irán al cielo». Estas canciones dirigidas por mujeres proveen una protección simbólica al contenido tan crítico que tienen.[4] En este caso, la comunicación artística tiene poder para cambiar algunos sectores de la cultura. En otros casos también fortalecen estructuras de poder. Los himnos nacionales representan un claro ejemplo de esto.

¿Qué es la creatividad?

El propósito de este manual es ayudar a inspirar una creatividad artística que contribuya con la expansión del reino de Dios. Por ello es importante entender cómo funciona la creatividad. Lo describiremos así: la creatividad artística sucede cuando una o más personas llevan a cabo un nuevo evento o mejoran una obra de comunicación, inexistente previamente en su forma exacta. Para este trabajo, los creadores se valen de sus habilidades personales, los patrones sociales de la cultura y los sistemas simbólicos. La novedad del evento o la obra varía de acuerdo a su composición y al grado de originalidad; cada cultura valora la novedad de maneras únicas.

---

3 Steven Feld, "Sound Structure as Social Structure," *Ethnomusicology* 28, no. 3 (1984): 383-409. (Estructuras de sonido como estructuras sociales)

4 Bennetta Jules-Rosette, "Ecstatic Singing: Music and Social Integration in an African Church," in *More than Drumming: Essays on African and Afro-Latin American Music and Musicians*, ed. Irene V. Jackson (Westport, CT: Greenwood, 1985), 119-44.("Cantando Eufóricamente: Música e Integración Social en una Iglesia Africana")

Prepárate

Para entender cómo crea la gente de una cultura determinada, debemos conocer quiénes son los creadores y también descubrir qué habilidades, conocimiento y técnicas utilizan para producir algo nuevo. Para que una nueva creación ingrese a la vida de una sociedad, las personas 'filtro' deben aceptar la obra. Estas personas son aquellas que influyen en gran manera en la aceptación de algo nuevo. Por eso debemos buscarlos, conocerlos y a la vez descubrir qué trabas o restricciones pueden llegar a existir. La pregunta será ¿quiénes tienen el poder de determinar si una nueva creación ha de valorarse, aprenderse y transmitirse a otras generaciones?

Un conocimiento profundo de las tradiciones es la base de nuestro acercamiento a la creatividad, ya que la tradición no es sólo una caja de ideas y prácticas, sino un acto de transmisión: las personas transfieren tradición a la generación que sigue constantemente. Y cada acto de transmisión produce cambios; pequeños o grandes.

Este manual pretende ayudarte a caminar del lado de los artistas locales, en sus propias comunidades; también a inspirar momentos de creatividad artística que podrían llegar a ser tradiciones que perduren. Esto último sucede cuando las personas permanecen motivadas a transmitirlas, y esa motivación se mantiene cuando las estructuras sociales y los medios respaldan su creatividad. El historiador John Edge dijo, «la tradición es innovación que triunfa».[5]

Todos los que han contribuido para la realización de este manual pueden nombrar artistas excepcionalmente talentosos que nos han inspirado o motivado. A veces las personas talentosas ven el mundo de otra manera. A veces se sienten forzados a hacer uso de las tradiciones y fundamentalmente a cambiarlas. Aquellos que modifican las tradiciones cambian lo común y corriente. Nosotros queremos alentarlos a que lo hagan con el objetivo de crear para Dios y su Reino. Esto podría aumentar su genialidad individual, ya que los conectaría nada más y nada menos que con el máximo Creador. Como sea, nuestro foco en este manual está en la creatividad como actividad comunitaria, una creatividad a la que todos contribuyen. Consideremos este credo:

---
[5] John T. Edge, publicado en Twitter, 12 de febrero de 2010, 6:49, http://twitter.com/johntedge/status/9009036481.

> En el principio, Dios creó
> - los cielos y la tierra,
> - el día y la noche,
> - el agua y el suelo,
> - las plantas y los animales y
> - al hombre y a la mujer.
>
> Dios creó *ex nihilo* (de la nada).
> Lo que no era, vino a ser.
> Y fue bueno.
>
> Dios nos hizo a su imagen.
> Una manera en que reflejamos esta imagen es en nuestro deseo y habilidad de crear.
>
> Hacemos
> - Ciudades y represas,
> - Casas y negocios,
> - Ropas y muebles,
> - Historias y canciones, danzas y máscaras.
>
> Creamos *ex -creatio* (fuera de lo que Dios hizo)
> - Cada vez que escribimos una carta o correo electrónico,
> - Cuando saludamos o animamos a alguien,
> - Cuando cocinamos o jugamos o danzamos,
> - Cuando pintamos un portarretrato o hacemos el boceto de un dibujo,
> - Cada vez que hacemos algo de una forma que no existió antes, con un propósito o contexto que no repite uno que hayamos tenido previamente… estamos actuando como Dios.
>
> Pero el amor nos obliga a tomar un paso más, para:
> - Hacer discípulos de hijos e hijas, hermanos y hermanas,
> - Encargar a alguien que escribir una canción o un poema, una manualidad o una silla,
> - Ayudar a alguien a traducir la Biblia en su idioma,
> - Apadrinar a un refugiado,
> - Criar a un niño.
>
> Cada vez que inspiramos o preparamos a alguien para crear, estamos llevando a cabo uno de los máximos, más enriquecedores y perdurables actos de amor.
>
> No somos Dios, pero la creatividad fluye a través nuestro.
> En eso, somos como Él.

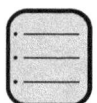

1. Comparte ejemplos de formas en que has sido creativo.
2. Comparte ejemplos de formas en que hayas ayudado a alguien a crear.
3. Analiza ejemplos de otras cosas que Dios ha creado.

¿A quién animamos?

La mayoría de la gente en el mundo habla más de una lengua. También practica y experimenta la música, danza, historias y otras formas de arte, de tradiciones y ubicaciones geográficas muy diversas. Cada comunidad tiene una mezcla singular y variable de actividad artística que es local, regional, nacional e internacional. ¿Cómo saber a cuál sumarte? La respuesta depende de dos cosas:

- ¿Dónde está tu comunidad dentro del histórico avance de la iglesia (la misión)?
- Tu llamado particular.

Tres abordajes de las artes en la misión

Históricamente, los cristianos han entendido la extensión de su fe de tres maneras:

1. Llevar y enseñar
2. Construir nuevos puentes
3. Encontrar y motivar

Aunque las tres son distintas, también interactúan entre sí de maneras complejas.

Quienes trabajan en otras culturas en el marco de «**Llevar y enseñar**» llevan sus propias artes para enseñarlas a las comunidades. Introducen formas artísticas extranjeras en comunidades locales. A lo largo de la historia de la iglesia, los obreros transculturales han practicado esta forma, y hoy en día aún sucede. En áreas rurales de la República Democrática del Congo, pude cantar la canción *Ekangeneli Na Yesu* una semana después de haber llegado. Los misioneros que estuvieron en esa región adaptaron la canción occidental muy conocida *Auld Lang Syne* con letra en lingala.

Este abordaje del arte en la misión puede resultar en un lenguaje artístico común para unificar pueblos del mundo. A veces ha contribuido a mezclas culturales satisfactorias y placenteras. Trae un inspirador sentido de misterio en torno a la adoración a Dios. No obstante, «Llevar y enseñar» también tiene facetas y desventajas peligrosas. A menudo termina en una falta de comunicación de mensajes y de emociones; las comunidades ven a Dios como extranjero. Los artistas locales se sienten excluidos o desmoralizados, las comunidades locales entienden a la cristiandad como algo irrelevante y la diversidad del Reino se debilita.

Quienes buscan la extensión del evangelio desde la mirada de «**Construir nuevos puentes**» aprenden suficiente acerca de una comunidad y su arte para influir la manera en la que ésta usa su *propio* arte para ministrar. Por ejemplo, algunos musicoterapeutas han usado materiales o canciones locales para guiar a niños en sufrimiento a un proceso de sanidad. «Construir nuevos puentes» también podría incluir colaboraciones entre artistas de diferentes culturas para propósitos comunes. Así, los resultados artísticos tendrían características propias de más de una tradición.

Con frecuencia este modelo requiere poco tiempo para que se dé un avance inicial. Funciona bien en comunidades que experimentan algún trauma; a menudo estas comunidades no tienen energía o recursos para crear sus propias expresiones artísticas. Se trata de una buena opción cuando no hay recursos. También promueve relaciones interdependientes sanas donde todos comparten su arte al mismo nivel. De todas formas, los problemas vienen cuando existe una diferencia significativa de poder entre los obreros transculturales y los artistas de la comunidad. El nivel socio-económico más alto de un extranjero puede disminuir el poder de decisión y la valentía de un artista local. «Construir nuevos puentes» también podría producir resultados insostenibles, ya que una producción nueva, colaborativa, que no se arraiga profundamente en las tradiciones y los sistemas sociales locales puede desaparecer fácilmente.

Para «**Encontrar y animar**», el obrero transcultural aprende a conocer a los artistas locales y sus artes de un modo que anima a los artistas a crear en las formas en que ellos se destacan más. Podríamos imaginar a un obrero transcultural como un abogado defensor de la creatividad de otros, que ayuda a dar a luz nuevas creaciones que fluyen orgánicamente desde la comunidad. Generalmente, este abordaje requiere relaciones a largo plazo con la gente; y a la vez, un compromiso a aprender de por vida.

Ninguna de las tres categorías recién mencionadas está libre de imperfecciones. De todos modos, hemos escrito *Creación de Arte Local en Conjunto* para personas que trabajan principalmente desde el tercer método. Y lo hemos hecho así por dos razones: primero, vemos a Jesús como nuestro modelo principal. Como rey del Reino, dejó su cultura celestial para hacerse hombre. Aprendió a caminar, hablar, cantar y vestirse en una sociedad minoritaria durante alrededor de treinta años. Luego, ingresó a su ministerio a tiempo completo (Filipenses 2). Como Jesús, deberíamos pasar tiempo con la gente del lugar, aprender de ellos y luego dar. En segundo lugar, creemos que la iglesia está negando esta perspectiva del arte en la misión. Y las consecuencias que eso trae son casi siempre trágicas.

 Comparte ejemplos en los que hayas visto cada uno de los tres tipos de formas de expandir el Reino de Dios: Llevar y enseñar, Construir nuevos puentes, Encontrar y animar.

Tu llamado personal

Queremos sugerirte tres criterios para ayudarte en tus decisiones sobre cómo invertir tus dones, tiempo y energía en una comunidad.

Primero, pídele a Dios que te muestre dónde está trabajando. Recuerda que su voz podría no ser la más audible o la más evidente.

Segundo, entra en un proceso de descubrimiento junto a los miembros de la comunidad. Al trabajar juntos, se volverán más sabios para comprender cómo y dónde trabajar. Tu propia historia y los contenidos de este manual producirán un conocimiento y experiencias muy valiosas para ti. Si te has sometido a un proceso de toma de decisiones dirigido por la gente de la comunidad local, no tengas miedo de hablar la verdad con humildad desde tu perspectiva.

Tercero, presta atención especial a los artistas locales que representan a las tradiciones más antiguas arraigadas de forma geográfica o étnica. Los alentamos a enfocarse en los artistas locales porque ellos tienen habilidades singulares y conocimientos específicos. A menudo, sus capacidades y talentos corren peligro, y para poder desarrollarse, las comunidades necesitan una combinación de tradiciones e innovaciones. Nuestra definición de arte local es esta: una forma artística de comunicación que una comunidad puede crear, representar, enseñar y entender desde su interior. Comprender incluye conocer formas, significados, lenguaje y contexto social artístico.

Las sociedades se conectan a través de los medios de comunicación e interacciones cara a cara. Los miembros de las sociedades se ponen en contacto por una decisión individual. Aún así, el contacto interpersonal ocurre dentro del contexto social, financiero, eclesiástico y otros espacios locales y globales. Las personas son multilingües, multiculturales y multiartísticas. Una comunidad marcada por el Reino de Dios tiene miembros que reflexionan sobre el valor y los propósitos de cada forma de comunicación artística y que trabajan en pos de una combinación de estos dos que glorifique a Dios.

1. Comparte formas en las que Dios está trabajando singularmente en tu comunidad.
2. Comparte dones particulares, habilidades o experiencias que Dios haya desarrollado en ti.
3. Piensa en cómo crees que Dios quiere que abordes las tradiciones más antiguas en tu comunidad.

¿Quién hace qué?

Hemos escrito este manual para ti, *promotor de las artes*. Tú quieres ayudar a los miembros de una comunidad (tal vez la tuya propia) a incorporar la actividad artística de una forma más profunda en sus vidas. Quieres que su futuro temporal y eterno sea mejor, por eso tu trabajo principal es ayudar a *otros* a realizar cosas nuevas usando géneros que ellos ya conocen. Si eres un artista, quizás necesites encontrar una válvula de escape para expresar tus propios talentos, lo cual es algo muy bueno. De todos modos, tu tarea principal es ayudar a otros a lograr obras artísticas nuevas, y esa es la intención de este manual: ayudarte a ayudar a otros.

Todo el proceso de co-creación artística requiere personas con capacidades, conocimientos y habilidades diferentes. A continuación, verás algunas de las competencias que se necesitan:

- Sensibilidad y habilidad artística,
- Capacidad para la investigación cultural,
- Relación con todas las áreas de las comunidades locales, regionales y nacionales,
- Habilidades de planificación y organización,
- Capacidad de comunicación apropiada para los distintos contextos,
- Competencias técnicas para producción y grabación.

No existen personas o tipos de persona que puedan hacer todo lo que hace falta para crear arte local en conjunto. Es por eso que hemos puesto 'juntos' y 'nosotros' y otros términos en plural en muchas oraciones del manual. Queremos guiarte en lo que debe hacerse, no en determinar quién debe hacerlo.

Tenemos dos tipos de promotores de las artes en mente. El primer grupo consiste en aquellos que planean vivir períodos largos ministrando en una comunidad. Son los que precisan una guía para comenzar, planificar e implementar trabajos que se valgan de las artes locales. Esperamos que ellos usen la mayor parte del manual. El segundo grupo consiste en aquellas personas que sólo tienen un tiempo corto para fortalecer a los artistas del lugar. Ellos pueden recorrer el manual y encontrar las cosas que les resulten útiles. En el capítulo «*Si no dispones de mucho tiempo*» se han incluido algunas ideas que permiten ahorrar tiempo. Hemos escrito la mayor parte del manual teniendo en mente aquellos que son obreros transculturales, pero también es útil para gente que trabaja en sus propias comunidades.

Cualquiera que sea la categoría en la que estés, nuestro objetivo es ayudarte a integrar la comunicación artística a la vida de la comunidad. Asumimos que tienes acceso a personas y organizaciones que pueden ayudarte a hacerlo, las cuales a su vez deberían tener las capacidades, los recursos y los conocimientos básicos para trabajar en pos de los propósitos de Dios en esta clase de situaciones. Por ejemplo, no incluimos pautas para decidir si tú deberías o no comenzar un programa de alfabetización. No damos instrucciones sobre cómo crear un manual básico; en lugar de ello, te mostramos cómo usar la letra de un estilo determinado de canción local para ayudar en la enseñanza de la lectura. Demostramos cómo las danzas locales pueden jugar un rol importante en la motivación de la gente para aprender a leer. Ofrecemos herramientas para comprender los patrones visuales e incorporarlos a los primeros bocetos. Otro ejemplo: aquí no desarrollamos un marco teológico o metodológico para iniciar nuevas iglesias. En lugar de ello, te guiamos en el proceso de conocer a los artistas locales, y así poder incluir sus pensamientos y habilidades en los esfuerzos existentes de plantación de iglesias.

Si eres nuevo en una comunidad, probablemente no tengas las habilidades para crear o componer un nuevo trabajo en uno de los géneros artísticos del lugar. Tu contribución al proceso creativo probablemente consistirá más bien en ayudar a los miembros de la comunidad a descubrir su motivación para crear. Quizás ayudes a diseñar eventos y contextos en los cuales las personas dotadas puedan crear. Quizás animes a las comunidades a evaluar o analizar lo que sus artistas producen. Incluso podrás alentar a las personas a integrar nuevas formas de creatividad duradera en sus vidas. Seguramente deberás aprender alguna tradición artística para que surjan nuevas obras. Como resultado, tu motivación a aprender puede llegar a tener un efecto profundo en la motivación a crear de los miembros de una comunidad.⁶ Más que nada, deseamos ayudarte a entrar en relación con la gente de la comunidad, y que esas relaciones resulten en artistas locales que creen nuevos ejemplos con los géneros existentes: que las nuevas obras permitan una profundización del Reino de Dios.

1. ¿Qué experiencias y dones tienes que podrías aplicar a este proceso?
2. ¿Qué experiencias y dones deberán venir de otras personas?
3. ¿Qué rol o roles podrías llegar a tener en el proceso CALC?

Crear artes locales en conjunto

La Figura 2 representa el método a través del cuál este manual te guiará a ti y a la comunidad. Se trata de un proceso continuo de investigación y creación conjunta que resultará en más señales del Reino de Dios en la tierra. Llamamos al proceso *Creación de Arte Local en Conjunto* (a veces abreviado con la sigla *CALC*) o *Co-creación*. La imagen del medio representa un evento que contiene comunicación artística. El evento es central en todo el proceso y asegura que todos los esfuerzos de una comunidad estén asentados en la realidad local. Los miembros de la comunidad conocen a los artistas y su arte en contexto. El evento artístico sirve como foco para los siete pasos:

1. **Conoce** una comunidad y su arte local
2. **Define** los objetivos del reino
3. **Selecciona** efectos, contenido, género y eventos
4. **Analiza** un evento que contenga el género escogido
5. **Despierta** la creatividad
6. **Mejora** lo hecho
7. **Celebra** y integra en pos de la continuidad

Finalmente, la 'investigación' y 'relaciones' se asientan visiblemente como base de la representación del evento artístico, lo que permite enfatizar que el aprendizaje y el amor deben permear y energizar todo lo que haces. Fundamentalmente, este manual se trata de ayudar a *otras* personas a realizar nuevas obras artísticas.

Ahora deseamos prepararte para el proceso de *Creación de Arte Local en Conjunto*. Presentaremos brevemente cada paso con una historia ilustrativa corta. En los primeros años de 1990, Brian Schrag y su familia vivieron en el noroeste de la República Democrática del Congo (en ese entonces, Zaire). Los Schrag ayudaban a una comunidad en la traducción de la Biblia en su lengua local, *ámono*. Brian describirá cada componente del proceso de creación y luego explicará cómo ese componente cabe dentro del proceso CALC para la comunidad ámono.

---

6 Lee acerca del trabajo de Tom Avery con el pueblo Canela de Brasil en *Handbook*, Jack Popjes, "Now We Can Speak to God—in Song," cap. 73.

Figura 2: Creación de Arte Local en Conjunto

Paso 1: Conoce una comunidad y su arte

El componente "**conocer**" incluye obtener información básica acerca de la comunidad. En este contexto "**conocer**" primero significa desarrollar relaciones con las personas. Segundo, incluye enlistar los tipos de arte que se encuentran en la comunidad.

> ***Conocer la comunidad ámono y su arte.*** *Cuando nos mudamos a la aldea Bili del Congo noté que los miembros de la iglesia cantaban en una lengua especial, no en la nativa. Algunos de los cantos eran traducciones de himnos europeos y americanos, otros compuestos en un estilo pop nacional. Fuera de la iglesia, las personas tocaban y cantaban en estilos muy distintos de música y en su propia lengua. Antes de poder animar a la creatividad, necesitábamos conocer más. Pregunté a los líderes de una iglesia local si podíamos encontrarnos debajo del paillote (una choza con techo de cañas) cerca de nuestra casa. Quería que habláramos sobre sus formas artísticas y la Biblia. Juntos hicimos una lista de doce contextos sociales donde tradicionalmente la gente de esta etnia hace música y danza. Estos contextos incluyen danzas sociales, ritos de iniciación, expresión personal y consejos con el kundí (un arpa local), un género de representación llamado gbáguru.*

Paso 2: Define los objetivos para un futuro mejor

¿Sobre cuáles objetivos quiere trabajar una comunidad para lograr una vida más celestial en este tiempo? Hemos ubicado estas señales del Reino de Dios en varias categorías amplias: Identidad y sustentabilidad, *Shalom*, Justicia, Escritura, Vida de iglesia y Vida espiritual personal. No obstante, esta guía es sólo un comienzo. Miles e incluso cientos de miles de signos del Reino de Dios existen. Así que actúa libremente. Define nuevas señales del Reino, crea nuevas actividades que fortalezcan esas señales. Cuenta y escribe historias de cómo la comunicación artística se ha expandido. Comparte cómo ha profundizado el Reino de Dios.

> ***Definir objetivos en la comunidad ámono.*** *Aún debajo del paillote, el pastor y los ancianos discutieron los numerosos propósitos de la música en la Biblia. Hablaron sobre el hecho de que Dios creó a cada persona a su imagen. Compartieron que ellos no usaban instrumentos musicales autóctonos en la iglesia porque los evangelistas que habían llegado a la comunidad con anterioridad les aconsejaron no hacerlo. Cincuenta años atrás, estos evangelistas les habían instado a quemar todos los objetos tangibles asociados con la vida tradicional. Luego, basados en la Escritura, los líderes decidieron que Dios quería que ellos reclamaran la música autóctona para Sus propósitos, los cuales incluían la adoración conjunta. La gente quiso relacionarse con Dios de maneras nuevas y más profundas; surgió la curiosidad sobre nuevas posibilidades.*

Paso 3: Conecta los objetivos a los géneros

Luego de que los miembros de la comunidad hayan escogido un objetivo, pueden decidir en conjunto cuáles efectos/resultados, formas artísticas, contenido y eventos apoyarán la meta.

> ***Seleccionar con la comunidad ámono.*** *Los líderes querían que los cristianos entendieran mejor las Escrituras y que también valoraran las tradiciones de la etnia. Pensaron que la familiaridad de un encuentro como iglesia era el mejor contexto para experimentar algo nuevo por primera vez. También decidieron que el gbáguru era el mejor género para esto. Gran parte de la Biblia trata sobre comunicar sabiduría, y el género gbáguru aporta consejo. Así fue que los líderes consideraron que podrían incorporar muy bien este género dentro de la adoración.*

Paso 4: Analiza los géneros y los eventos

Crear algo utilizando un género artístico existente para propósitos nuevos requiere una gran cantidad de conocimiento, habilidad y sabiduría. Tu primera impresión sobre una forma musical nueva para ti es generalmente incorrecta, y siempre incompleta. El **Paso 4** te ayudará a alcanzar los detalles de las formas artísticas y sus significados, lo que aumentará tu comprensión. Tener esta apreciación más profunda de las formas artísticas y de sus significados te ayudará tanto como a la comunidad a identificar elementos artísticos que penetrarán en ésta para el Reino de Dios.

> ***Analizar un evento con la comunidad ámono.*** *Incentivado por mis propios intereses, ya había comenzado a aprender a tocar el kundí. Este instrumento es usado para acompañar canciones gbáguru. Así*

fue que pregunté quién era el mejor ejecutor de kundí, y todos me señalaron a Punayima Kanyama. Analicé a Punayima tocando el kundí en canciones gbáguru en numerosos eventos. Lo grabé, registré melodías, letras y digitación. Punayima también me enseñó a tocar algunas canciones; aprender esto profundizó mi entendimiento con respecto a las formas y temas del género. Por ejemplo, aprendí que las letras de las canciones gbáguru generalmente contienen proverbios propios de la etnia ámono. Descubrí que quienes interpretan son casi siempre hombres y que la melodía vocal generalmente sigue el patrón tonal de las palabras de la letra. Por último, también aprendí que los compositores requieren tiempo a solas para componer nuevas canciones.

Paso 5: Despierta la creatividad

La creatividad se despierta (o inspira) al representar un acto que resulta en una nueva pieza de desarrollo artístico. La creatividad podría encenderse simplemente al sugerir a alguien el grabado de una nueva máscara o la composición de una nueva canción para una celebración. A veces, despertar la creatividad requiere actividades más complejas y consumidoras de tiempo. Ejemplo de eso son los talleres, encargos, cursos de aprendizaje y festivales. Tal vez, los artistas locales también desarrollen una nueva versión de un ritual existente o de alguna ceremonia. Cualquiera sea la actividad que se elija, asegúrate de incluir a todas las personas que estén interesadas en integrar nuevos trabajos para la comunidad. También incluye a los líderes de la comunidad encargados de controlar la integración de esos nuevos trabajos a la comunidad.

Despertar la creatividad en la comunidad ámono. *Pregunté en la comunidad quién podría componer nuevas canciones gbáguru basadas en la Escritura para incorporarlas en la adoración congregacional. Como los primeros evangelistas dijeron a los nuevos creyentes de esta etnia que debían quemar sus instrumentos, nadie en la iglesia sabía cómo ejecutar el kundí. Luego de discutirlo un poco, los líderes decidieron que escogerían a algunas personas de la iglesia para aprender a tocarlo como aprendices de un maestro de kundí. Así fue que nos reunimos semanalmente y Punayima nos enseñó a construirlo y afinarlo. Luego nos enseñó a tocar algunas canciones simples.*

Paso 6: Mejora lo hecho

La evaluación es esencial en el proceso co-creativo. Como promotores del arte, queremos que los miembros de la comunidad incorporen la creatividad en sus vidas; queremos que la creatividad verdaderamente dé como resultado comunidades que encuentren sus objetivos espirituales, sociales y físicos. La evaluación según criterios pre-acordados ayuda a los miembros de la comunidad a que su comunicación artística imperfecta sea más efectiva.

Mejorar lo hecho, en la comunidad ámono. *Desafortunadamente no evaluamos las primeras canciones creadas por Punayima y otros,* *que podrían haber sido aún mejores. De todos modos, hemos incluido un proceso para mejorar las canciones basadas en la Escritura que el pueblo ámono compuso desde entonces. Los traductores bíblicos las examinaron para asegurar su claridad y precisión bíblica. A la vez, los expertos en música locales verificaron que las canciones eran ejemplos adecuados de los géneros que representaban.*

Paso 7: Celebra e integra en pos de la continuidad

Nuestro deseo es que los miembros de la comunidad incrementen gradualmente la creatividad del Reino en su vida día a día, semana a semana, año trás año. Para lograrlo, es necesario enseñar a otros los nuevos trabajos artísticos creados. Se necesita un plan para continuar creando. Desde el nivel más simple, los talleres o encargos de trabajos artísticos, deberían incluir un tiempo de enseñanza para los interesados. Estos espacios también deberían incluir un tiempo de planificación para la enseñanza de nuevos trabajos a audiencias más grandes en el futuro. Una buena idea es enseñar primero a un grupo pequeño y pedir una retroalimentación de su parte mediante preguntas de evaluación. Luego, se puede presentar las obras a un grupo más grande.

> ***Integrar y celebrar con la comunidad ámono.*** *Durante el tiempo de aprendizaje, los estudiantes que me acompañaban decidieron formar un grupo de kundí llamado Chórale Ayo (el Coro del Amor). Punayima compuso una canción sobre Dios creando al hombre y a la mujer de la tierra. Cuando tocamos y cantamos esta canción en un servicio de una iglesia, la congregación que normalmente se mostraba enérgica y movediza se quedó quieta y en silencio. Yo temí en mi interior que de algún modo hayamos cometido un error, que quizás produjera que las personas pensaran en sus dioses antiguos. Así fue que luego del servicio, pregunté a un amigo por qué todos se habían quedado tan quietos y en silencio. Su respuesta fue: «¿Y qué más podríamos haber hecho? La canción quebró nuestros corazones».*

El *Chórale Ayo* continuó cantando en reuniones congregacionales. Algunos de los aprendices comenzaron a componer canciones propias. Más tarde, la guerra y las catástrofes personales interrumpieron la vida de la comunidad ámono. Luego de un largo receso, emergieron grupos similares a los ejecutores de kundí en otras aldeas. Una parte de la comunidad (la iglesia Protestante) celebraba mucho más que antes sus tradiciones. De todos modos, quise incluir a más personas. Planeamos una gran *fête* (una celebración) para celebrar la culminación de la construcción de una serie de casas para la aldea. Mi idea era encargar la creación de canciones para que se las interpretara en el evento. Dos de las canciones eran de géneros tradicionales ámono. En la noche de la celebración, cientos de personas de todas las clases sociales recibieron las enseñanzas de Jesús de maneras familiares para la comunidad ámono. Las canciones incluían la parábola de Jesús sobre el hombre sabio que construyó su casa sobre la roca y el hombre necio que la construyó sobre la arena (Mateo 7.24-27).

Cómo usar este manual

Una guía flexible

Hemos organizado el proceso *Creación de Arte Local en Conjunto* con pasos enumerados porque cada uno de ellos sigue un orden lógico en relación al siguiente. Sin embargo, verás que a veces los pasos no se darán en el orden que proponemos. De hecho, cada paso puede llegar a revelar la necesidad de hacer más de uno a la vez. Por ejemplo, para **mejorar** una historia que ha sido creada, los miembros de la comunidad quizás necesiten ir atrás y realizar más investigación sobre modelos poéticos de buenas historias locales. Esto podría requerir que se realicen las actividades del paso **analizar**, que es anterior. Según lo ideal, tú y los miembros de la comunidad van a ir probando ideas y aprendiendo de lo que suceda. De esa manera podrás investigar más, probar otra vez, y continuar en el proceso: actuar y reflexionar, reflexionar y actuar. Este patrón tiene como resultado una creatividad sana y creciente. Piensa en los pasos como en un marco sólido y confiable al que puedes remitirte, no como una serie de reglas estrictas a seguir.

Otra advertencia sobre esta presentación es que algunos de los pasos incluyen elementos de otros. Las actividades que se desarrollen en el **Paso 5** y que inspiran la creación de nuevos trabajos son conjuntos de más pasos. Por ejemplo, un taller de tejido de ropas con consejos bíblicos para matrimonios puede incluir tanto **analizar**, **despertar**, **mejorar** como **integrar**. Nuestro énfasis no está en definir las cosas rígidamente ni en pretender que los pasos se den siempre por separado, sino en ayudar a las comunidades a asegurarse de que han incluido todos los componentes en algún lugar dentro de su realidad. Puedes acceder a la página web del manual en inglés de Etnodoxología para más recursos (www.ethnodoxologyhandbook.com).

Características del manual

A lo largo del manual, verás actividades llamadas «Echa un primer vistazo». La comunicación artística es compleja en esencia, y por ello, aún sabiendo cómo comenzar un análisis, a veces la tarea parece imposible. Por eso hemos creado las herramientas «Echa un primer vistazo» para ofrecerte una idea general de los puntos más importantes a considerar. Luego, te mostramos cómo profundizar en ello.

También notarás contenido marcado o destacado de una manera especial. Este ícono indica que el texto que continúa se trata de una actividad a realizar. Un bloque sombreado indica que el contenido es algo especialmente importante a lo que quizás quieras remitirte en más de una ocasión.

Algunos consejos y palabras de ánimo

Comparte el proceso Creación de Arte Local en Conjunto con líderes

Es bueno compartir y hablar del proceso CALC con los líderes que representan a los contactos que tienes con la comunidad. Si eres parte de una organización externa social de la comunidad, todos los líderes involucrados necesitan comprender los objetivos y el proceso detallado en este manual. Quizás podrías planificar una reunión especial para describir el proceso CALC.

Investiga todo el tiempo

Aprender a conocer a alguien en profundidad es fundamentalmente un acto de amor. También es necesario para poder triunfar en cada cosa que hacemos. Por ello, cada vez que no estés seguro de lo que debes hacer, ve y haz una pregunta, practica alguna danza u observa un evento. Todas estas cosas te ayudan a aprender. Investigar es igual a aprender y aprender es amar. Cuando investigamos acerca de una comunidad, aprendemos de ella. Cuando aprendemos de ella, demostramos amor por sus miembros.

A veces tu investigación te llevará a ámbitos del conocimiento o prácticas que contradicen tu fe cristiana. En estos casos, te recomendamos tomar una actitud de "suspensión temporal de la desconfianza"; esto no significa que debes actuar en contra de lo que Dios dice, pero sí que, al mismo tiempo que investigas, trates de identificarte con tus amigos al menos por un tiempo. Este punto puede ser difícil, por ello, ora constantemente hasta entender lo que Dios quiere.

(Casi) todo es acerca de las relaciones

Nuestra prioridad es la integralidad del ser humano. No deseamos solamente aprender sobre formas artísticas de otras culturas, sino también formar relaciones. Te recomendamos pedir permiso para hacer las cosas; que te ganes el derecho a hacer preguntas. Respeta las limitaciones locales sobre lo que puedes hacer o no (por ejemplo, no intentes estudiar ritos de iniciación femenina si tú eres un hombre). La mayor parte del tiempo, tu relación auténtica y recíproca con las personas de la comunidad te permitirá entrar en sus vidas. Otras veces te beneficiarás de las relaciones de largo plazo creadas por otros con la comunidad, las cuales te permitirán conectarte con ella. En cualquier caso, siempre recuerda que debemos interesarnos en profundidad por la vida artística de las personas, sin olvidar que ellos son primeramente personas.

¿Qué sucede si ellos no quieren?

Aún si haces todo lo que dice el manual a la perfección, con humildad y respetuosamente (algo muy difícil de lograr), casi con seguridad enfrentarás resistencia. La resistencia puede venir de distintas fuentes:

- Una comunidad podría tener una opinión mala acerca de los artistas.
- Argumentos teológicos o ideológicos podrían levantarse en contra de ciertas formas de arte usadas en determinados contextos.
- Experiencias previas negativas de intentos de hacer nuevas cosas con el arte que pueden haber creado sentimientos negativos.
- Aún tradiciones asentadas por mucho tiempo podrían también generar resistencia.
- El bajo concepto sobre la importancia y el potencial transformador de la comunicación artística podría tener también un efecto de este tipo.

La propuesta de acercamiento a la comunidad para la creación de arte en conjunto con la comunidad debería aliviar mucho de esto, pero no removerá todos los problemas. Los siguientes consejos quizás ayuden a que puedas realizar tu camino con mayor éxito y paz.

1. Cuida, ora, ama y anima a los artistas con los cuales trabajes: cada vez que ellos crean algo para un espacio público, se hacen vulnerables a influencias culturales negativas.
2. Trabaja con las estructuras de autoridad existentes cuanto más puedas; esto podría no siempre funcionar, ya que el arte a veces transmite verdades que son incómodas para el poder. Como sea, la sustentabilidad ofrece muchos beneficios a la comunidad cuyos líderes están dispuestos a escuchar.
3. Te aconsejamos comenzar de a poco, con un proyecto piloto: trabaja para crear nuevos ejemplos de géneros artísticos locales para alcanzar los propósitos del Reino; luego preséntalos a los líderes de la comunidad. La presentación a los líderes podría ser un paso crucial para la apertura de la puerta a la creatividad futura.
4. Sé amable y perseverante en las relaciones que emprendas.
5. No tengas miedo de intentar y fracasar; alimenta tu propia humildad; debes saber que el plan de Dios para ti y la comunidad nunca será exactamente lo que tú piensas.
6. Y último, habla mucho con Dios. Él te dirá lo que precisas saber porque se trata de su Reino. Recuerda: «Si a alguno de ustedes le falta sabiduría, pídasela a Dios, y Él se la dará, pues Dios da a todos generosamente sin menospreciar a nadie» (Santiago 1.5).

Siempre que sea posible, ayuda a los líderes a planificar con artes

Una de las razones más comunes por las que las comunidades y las organizaciones no integran su propio arte en el trabajo es que simplemente no planifican hacerlo. Pero tú puedes ayudar a resolver este problema. Puedes aprender el proceso a través del cual los líderes de iglesias, las organizaciones no gubernamentales (ONG) y otros grupos que interactúan con la comunidad toman decisiones. Puedes, con humildad solicitar ser parte de estos procesos de manera adecuada y en momentos claves. Para ello prepárate bien; prepárate para ofrecer sugerencias específicas sobre cómo las personas pueden usar los grandiosos recursos del arte de la comunidad para alcanzar sus objetivos.

La planificación puede llegar a ser muy importante para la integración a largo plazo de la creatividad del Reino en la comunidad. De hecho, los siete pasos de *Creación de Arte Local en Conjunto* constituyen en sí mismos un método de planificación. Puedes relacionar los siete pasos con otros métodos. Tal vez trabajes con una organización que utiliza un sistema particular de planificación y en tal caso, podrías adaptar el vocabulario ofrecido en este manual al del sistema de la otra organización, pero luego respetar su vocabulario en las conversaciones.

Una advertencia que debemos darte es que, más allá de cuánto planifiquen tú y la comunidad, Dios trabaja de maneras a las que no podemos anticiparnos. Nosotros debemos planificar. Sin embargo, también debemos estar alerta a las personas o grupos que podrían estar respondiendo a algo inesperado que Dios esté haciendo. ¡Disfruta de las sorpresas!

No puedes hacerlo todo, pero puedes hacer lo suficiente

Desde el comienzo de la humanidad, las personas han integrado el arte en sus comunidades de maneras sorprendentes, y sin la ayuda de este manual. A veces, los individuos y sus comunidades crean arte sin objetivos muy explícitos en mente, con esta idea simple: «¡Realmente deseo/necesito hacer esto!» En oportunidades, estas chispas de arte se desparraman y avivan el Reino de Dios de maneras impredecibles y positivas; y en dichos casos tú no tienes nada para hacer.

A pesar de ello, la mayoría de las comunidades se beneficiarán del manual. Cada una de ellas y sus formas artísticas de comunicación representan un grado inconmensurable de complejidad y variaciones. Hasta el más erudito en cierta forma artística puede llegar a aprender más y adquirir más habilidades en cualquiera de ellas. Y para hacer el asunto más complicado, los contextos físicos y sociales de las comunidades están en cambio continuo; algunos de ellos, dramáticos. En resumen, te aseguramos que no podrás realizar completamente todas las actividades descriptas en el manual; aún si estudiaras tan sólo una forma artística en profundidad, te quedarías sin tiempo. Posiblemente no puedas hacer todo. Pero puedes hacer lo suficiente.

Los estudios del campo de la etnomusicología, estudios de procesos creativos, antropología, lingüística, misionología y neurociencia nos permiten comprender los patrones de la comunicación artística humana. La imagen que Dios tiene sobre el final de su Reino abarca toda lengua y nación (Apocalípsis 7). Nosotros podemos llegar a conocernos unos a otros, pero aún así, por la complejidad de las comunidades, nuestra interacción con ellas se parecerá más a aventuras de exploración que a procesos científicos. Por ello, usa este manual para afilar y extender tu entendimiento de la comunicación artística en el reino de Dios, pero no trates de hacerlo todo; explora aquello que parece más relevante y productivo.

Si no tienes mucho tiempo

Quizás no tengas el tiempo y los recursos para comprometerte con todo el proceso que describimos en este manual, o tal vez ni siquiera estés seguro de cómo hacerlo. Esta breve sección contiene sugerencias con actividades artísticas que requieren sólo un poco de preparación. Estas actividades te ayudarán a comenzar y te animarán a tomar acciones más complejas para cuando tengas más tiempo.

Para comenzar, busca el contacto con los artistas locales. Tal vez te interese o intrigue alguna forma particular de arte que simplemente te agrada. Quizás poseas experiencia o habilidades en determinada forma artística como danzas o tejido en telar. Puedes tener una afinidad personal con algún profesional de un arte particular. En todos los casos, recuerda que lo que más buscamos es que puedas conocer y animar a personas involucradas en el arte local. Por ello, explora maneras de entablar relaciones. Y si solamente puedes hacer una cosa, pídele a algún artista que te enseñe algo.

ACTIVIDADES SIMPLES DE INTERACCIÓN CON LAS ARTES

- Prepara una lista inicial de formas de arte local con la actividad «Echa un primer vistazo al arte de la comunidad» del Paso 1.
- Asiste a eventos artísticos y descríbelos brevemente en un papel.
- Colecciona instrumentos.
- Transcribe el texto de canciones.
- Aprende la lengua y la cultura con artistas. Pasa tiempo libre con ellos.
- Haz grabaciones sistemáticas de audio o video de alguna forma artística; en función de categorías de canciones, compositores, eventos o proverbios.
- Aprende a tocar un instrumento, cantar, danzar, actuar, tejer, o narrar una historia en un género local.
- Habla sobre los siguientes temas con amigos locales y colegas:
  - ¿Cómo han surgido los diferentes tipos de arte en la comunidad? ¿Quién creó los elementos que se usan para interpretarlos?
  - ¿Cómo es la actitud general hacia las personas involucradas en las diferentes artes locales? ¿Positiva? ¿Negativa?
  - ¿Alguna parte de las representaciones tiene un significado simbólico especial? ¿Por ejemplo, colores, formas, instrumentos o vestimenta?
  - ¿Cuánto varía el modo en que las personas realizan el arte local hoy de como lo hacían en el pasado? ¿Los jóvenes están aprendiendo a representar las artes? ¿Cómo llega alguien a ser bueno en dichas artes?
  - ¿Existen formas artísticas que sólo pueden representar los hombres o las mujeres o los niños?
  - ¿Cómo se siente la gente cuando se le involucra en distintas formas de arte local? ¿Alguna vez entran en estados de éxtasis?
  - ¿Cómo se conectan las artes locales con las creencias religiosas?
  - ¿Qué expresiones artísticas de la cultura no se están utilizando para la adoración a Dios? ¿Por qué? ¿Cómo querrá Dios redimir alguna de las formas artísticas para cumplir algún propósito de su reino?

Figura 3: Actividades simples de interacción con las artes

Motivación final: una nota sobre el cielo y el infierno

Hemos evocado las señales del Reino de Dios como la motivación central para el uso de este manual. Deseamos que el pueblo de Dios en todo el mundo actúe de maneras artísticas que traigan como resultado mayor evidencia de los cielos sobre la tierra. Hasta ahora, aún así, hemos mencionado pocas veces la primera señal del Reino de Dios en los pueblos: la existencia de cada ser humano. Dios creó a las personas a su imagen. Cada niño, mujer y hombre es un hecho que señala la morada de Dios, el cielo. ¿Cómo debería esta señal tan fundamental influir en nuestro trabajo?

La respuesta depende, en parte, de nuestra creencia sobre la eternidad: el cielo o el infierno. El cielo se asocia con el Dios trino (Padre, Jesús y el Espíritu Santo) y ello está bien. El infierno se asocia con Satanás y todo lo que es malo. En la tierra, estas realidades se tornan complejas y confusas. Adolph Hitler desarrolló un talento para la oratoria brillante. Sus discursos movilizaron y animaron a la gente de maneras estimulantes y placenteras; sus habilidades creativas vagamente reflejaron las habilidades creativas de Dios. Pero Hitler usó sus talentos de formas violentas, para causar horror, desesperanza, desesperación y agonía. Los efectos negativos reflejaron tenuemente los deseos crueles de Satanás. Nosotros creemos que la realidad del cielo y el infierno es infinitamente más extrema de lo que imaginamos, tanto ahora en la tierra como después de morir.

Estas verdades nos dejan algunas lecciones.

- Primero, debemos considerar a cada persona y sus talentos como infinitamente valiosas. Un hombre que viaja mucho a veces puede descubrir que el estímulo que proviene de vestimentas, estilos de peinados, tonos de piel, sonidos o aromas sacan a luz respuestas negativas en su mente. Cuando esto sucede, debe repetirse a sí mismo, «¡Imagen de Dios! ¡Imagen de Dios!». Cada persona lleva la marca de Dios. Nuestra primera actitud hacia ellos debería ser siempre de generosidad y modestia, y deberíamos esperar ver el bien y la belleza en los demás.

- Segundo, deberíamos estudiar sobre el cielo y el infierno desde una perspectiva bíblica, y de forma meditativa e imaginativa. Cuando conocemos estas dos realidades física, intelectual y emocionalmente, podemos discernir más acerca de ellas.

- Tercero, no podemos permitirnos creer que el gozo y el dolor en la tierra son todo lo que existe; si lo hacemos así, puede que nos asentemos en la idea de tan sólo querer aliviar el hambre que existe. Incluso podría no interesarnos si una persona relaciona o no la satisfacción de comer con el Creador de la comida.

- Finalmente, deberíamos animar la expansión de todas las señales del Reino de Dios. Todas son buenas en sí mismas. Pero nunca debemos olvidar que las personas necesitan conocer a la Fuente de todo lo bueno: Dios, Creador: Padre-Jesús-Espíritu. Podemos pedirle a Dios que alimente nuestro entendimiento sobre el cielo y el infierno; eso podrá motivarnos poderosamente.

 Pasa tiempo en oración por alguno de los temas a continuación. Si es posible, ora usando algún lenguaje artístico: pintura, dibujo, danza, actuación, canto, narración, o cualquier otro que tú conozcas.

 Escucha a Dios y luego respóndele. Comunícate con él sobre las cosas que más te apasionan de estos temas, y luego sobre la cosas que más te preocupan o atemorizan.

 Intenta recordar tiempos o eventos en tu vida que fueron importantes para que hoy día te encuentres en el punto en el que estás, especialmente en relación con el arte y tu involucramiento en el Reino de los cielos.

CREACIÓN DE ARTE LOCAL EN CONJUNTO (CALC): RESUMEN

El proceso CALC muestra cómo ayudar a las comunidades a valerse de su arte para dar lugar a los objetivos del Reino de Dios. Hay siete pasos básicos para la creación de artes locales en conjunto. La investigación es la base de todo, con énfasis en la necesidad de ser un aprendiz en todo tiempo. Los pasos son:

1. **Conoce una comunidad y su arte**. Explora los recursos artísticos y sociales que existen en la comunidad.

2. **Define los objetivos para un futuro mejor**. Descubre los propósitos del Reino de Dios en pos de los cuales la comunidad quiere trabajar.

3. **Conecta los objetivos a los géneros**. Escoge un género artístico que pueda ayudar a la comunidad a alcanzar sus objetivos. Elige actividades que puedan dar como resultado una creatividad llena de propósito en dicho género.

4. **Analiza los géneros y los eventos**. Describe el evento como un todo, y a sus expresiones artísticas como artes, en relación con un contexto más amplio. La información detallada de las formas artísticas es crucial para despertar (inspirar) la creatividad. Es importante para mejorar lo que se produce, y necesario para integrar nuevas obras en la comunidad.

5. **Despierta la creatividad**. Implementa actividades que la comunidad haya elegido para inspirar la creatividad dentro del género que los miembros de la comunidad hayan escogido.

6. **Mejora lo hecho**. Evalúa los resultados de las actividades de creación y mejóralas.

7. **Celebra e integra en pos de la continuidad**. Planifica e implementa formas en que esta nueva clase de creatividad pueda continuar en el futuro. Identifica más contextos en donde las formas de arte nuevas y antiguas puedan ser expuestas y representadas.

Figura 4: Creación de Arte Local en Conjunto (CALC): Resumen

PASO 1

CONOCE UNA COMUNIDAD Y SU ARTE

El Paso 1 se orienta a descubrir y describir una comunidad y su arte. Cuando comienzas a trabajar con una comunidad, la observación (investigación) es muy importante. En esta etapa quieres averiguar lo más que puedas sobre ella y su arte, ya que el arte se manifiesta en su contexto. Así que aprender sobre la comunidad te ayudará a comprender su arte.

¿A qué comunidad te estás orientando? Nosotros definimos una comunidad de este modo: una comunidad comparte una misma historia de eventos, personajes e ideas que ocurrieron en el pasado. Todos sus habitantes saben y pueden referirse a dichos eventos, personajes o ideas pasadas. Estas experiencias compartidas otorgan a sus miembros una razón de seguir reuniéndose. Una comunidad también comparte una identidad, de la cual ciertos marcadores permiten distinguirla de otras, como pueden serlo la lengua, la comida, la vestimenta, la religión o hasta incluso adversidades compartidas. Tienen en común patrones de interacción, como rituales, festivales, espacios de vivienda para las familias, símbolos visuales o tangibles y muchos más.

Las comunidades comparten todo esto: una historia, una identidad, una forma de interacción, pero no debemos olvidar que también cambian. Están hechas de individuos que vienen y van, que toman sus propias decisiones y responden de formas distintas a las situaciones que enfrentan.

Mientras comienzas a explorar la comunidad que hayas escogido, escribe todos tus descubrimientos en un mismo lugar. El Perfil Artístico de la Comunidad (PAC) te ayudará a hacerlo; consiste en una base de datos o documento en el que guardas toda la información sobre la comunidad y sus artes.

Echa un primer vistazo a la comunidad

Un vistazo rápido te ayudará a comprender el contexto para el desarrollo y la representación del arte. El arte no existe por sí solo. Reúne información sobre la ubicación geográfica de la comunidad, la lengua, los marcadores de identidad y formas de comunicación.

Define el alcance de tu investigación. ¿Estudiarás una comunidad, aldea o a todos los de la región que hablen el mismo idioma? Describe las cosas desde la mayor cantidad de puntos de vista posibles. La guía a continuación te ayudará a encauzarte; también puedes tomar información de otras fuentes:

- Pídele a amigos, líderes y otros contactos de la comunidad que te muestren otros recursos y personas.
- Lee y observa cómo los miembros de la comunidad se presentan a sí mismos en libros, artículos, grabaciones y otros medios.
- Lee investigaciones académicas, enciclopedias y otras presentaciones para saber lo que otros han dicho acerca de la comunidad.

 **Escribe una descripción preliminar de la comunidad con la cual quieres trabajar. Incluye estos tópicos: dónde están; cuántos y cómo son; qué historia e identidad comparten; cómo han cambiado a lo largo del tiempo.**

ESTUDIAR LA COMUNIDAD: ALGUNAS PREGUNTAS PARA HACER

- ¿Dónde se sitúa la comunidad y cuántas personas la componen? Esto incluye información básica, como aldea, pueblo, provincia y nación.
- ¿Qué mantiene a la comunidad unida? Las respuestas pueden incluir factores como la lengua, geografía, identidad étnica y estructura social.
- ¿Cómo se comunican entre ellos y con qué frecuencia? Esta pregunta incluye idiomas y modos de comunicación, como por ejemplo: cara a cara, por teléfono o vía redes sociales electrónicas.
- ¿Cómo se establecieron allí? Identifica eventos históricos importantes y patrones que trajeron a la comunidad a su ubicación geográfica actual y que afectaron su identidad.

Figura 5: Estudiar la comunidad: algunas preguntas para hacer

Echa un primer vistazo al arte de la comunidad

Queremos ayudar a las comunidades a crear con base en los recursos artísticos que ya poseen. Utilizar los recursos que ya hay en existencia es un componente central de nuestra propuesta. Por ello, una de las primeras acciones a tomar es la creación de una lista de las artes existentes.

Paso 1

Encontrar y reconocer géneros artísticos

Cada comunidad posee un catálogo de tipos de arte que es único y adjudica significados únicos a cada tipo de arte. Probablemente, las categorías de arte que tú conoces no coincidan con ninguna de las categorías de las comunidades con las que trabajas. Entonces, ¿cómo las reconoces? Afortunadamente, existen algunas características en común entre las artes alrededor del mundo que nos ayudan para la investigación.

La primera característica compartida es que las culturas a menudo celebran eventos importantes y ritos de iniciación con expresiones artísticas. Los eventos a indagar incluyen a los relacionados con el ciclo de la vida, los históricos, las actividades, las ceremonias y la naturaleza. Así que si puedes identificar rituales y eventos especiales que existen en una comunidad, y también averiguar sobre las artes que se asocian con ellos.

La segunda característica en común de las artes es que son formas especiales de comunicación que poseen más 'estilo' que otros tipos de comunicación. Por ello es que puedes darte cuenta cuando las personas se mueven siguiendo patrones particulares (danza), o cantan, actúan, pintan o hablan con ritmos o rimas, o hacen algo de una forma representativa (como en un escenario). Estas características probablemente te señalen géneros artísticos. La actividad «Crea un listado rápido de géneros artísticos» utiliza las características singulares de las artes para poder realizarla.

CÓMO IDENTIFICAR ACTIVIDADES DE COMUNICACIÓN ARTÍSTICA

El arte posee un contexto de representación distintivo
El evento artístico se distingue de los sucesos cotidianos por cosas como la hora del día, el lugar, el lenguaje, los participantes y otras.

El arte puede expandir o contraer la densidad de información
Ciertos tipos de poesía, por ejemplo, pueden expresar muchas cosas en pocas palabras. Otras formas de expresión artística expanden la información a través del espacio, la música y la repetición.

El arte adopta información mayor o especial
A veces existen terminologías o significados alternativos de palabras que son específicos de un género artístico en particular.

El arte muestra una estructura formal especial
A menudo, las expresiones artísticas se limitan mediante restricciones de formas que no son relevantes en la comunicación cotidiana.

El arte puede producir respuestas inusuales
Por lo general, las expresiones artísticas producen una respuesta física o emocional fuerte en las personas que la experimentan.

El arte puede requerir destrezas poco comunes
A menudo, las expresiones artísticas parecen requerir una preparación especializada para representar algo; no todos pueden llevarlas a cabo.

Figura 6: ¿Cómo identificar actividades de comunicación artística?

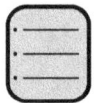
Crea un listado rápido de géneros artísticos

Para realizar una lista inicial de géneros artísticos, reúne a algunas personas de la comunidad y hazles preguntas como éstas:

- ¿En qué momentos canta la comunidad? ¿Cuándo toca instrumentos? ¿Cuándo danza? ¿Cuándo narra historias, actúa, talla o pinta? ¿Cuándo juega? ¿Cuándo se construyen estructuras especiales? Recuerda que cada cultura clasifica o habla de sus formas artísticas propias de maneras singulares, así que aprende su vocabulario.
- ¿La comunidad tiene alguna práctica especial ante el nacimiento de un niño? ¿Ante la muerte de alguien? ¿Ante el paso de la niñez a la adultez? Para cada respuesta afirmativa, pídeles que describan qué cosas especiales llevan a cabo y toma nota de las artes que se involucran en ellas.

Al enlistar cada evento, toma nota de algunas de las características básicas de sus formas artísticas de comunicación o géneros:

- un nombre local y una breve descripción
- el tipo de personas involucradas (hombres, mujeres, jóvenes, niños, especialistas, un grupo socioeconómico en particular, etc.)
- cuándo se lleva a cabo (fechas especiales, temporadas, meses, horas del día, etc.)
- propósitos del género
- cualquier otra cosa que surja de forma espontánea

No te preocupes por obtener todos los detalles mientras realizas la encuesta. Puedes agregar más información a lo largo de la investigación.

Enumera los datos básicos de los géneros en una tabla comparativa

En el Paso 3, miembros de la comunidad evaluarán cada género en cuanto a su uso para alcanzar los objetivos del Reino. Una tabla comparativa los ayudará a hacer esta evaluación. Empieza la tabla ahora y agrega más información cuando sea necesario. La Figura 7 ilustra la tabla con datos de los géneros artísticos ámonos (RD Congo).

Género	Descripción breve	Eventos	Participantes	Connotaciones	Efectos	Instituciones
gaza aga	baile de la circuncisión masculina	ritos de la circuncisi-ón	jóvenes masculinos	guerra	aprender a pelear, sentir valor	Ngakoala – jueces ámonos
Nzembo na Nzambe	himnos europeos en lingala	reuniones de la Iglesia	miembros de la Iglesia	fe, creencia, misioneros	identidad protes-tante	Iglesia protestante
gbáguru	proverbio cantado con instrumento el kundí	contextos privados	cantante/ejecutante del kundí, oyentes	sabiduría, consejos	motiva-ción para actuar con sabiduría	ninguna
nganga	cantos para Zhugwa, el dios de la caza	durante la caza	cazadores	Zhugwa	valor, esperan-za para tener éxito	ninguna
agbolo	juegos de niños	donde juegan los niños	niños	diversión, libertad	placer, solidari-dad	ninguna

Figura 7. Una tabla comparativa de géneros artísticos ámonos (RD Congo) como un ejemplo

Comienza estudiando la vida social y conceptual de la comunidad

Desarrollar un entendimiento amplio de la comunidad es muy importante, y éste viene a través del estudio antropológico. Los temas que tienen un valor especial para comprender el arte de una comunidad incluyen los siguientes: cómo utilizan los lenguajes; cómo se relacionan unos con otros (especialmente dentro de la familia), cómo obtienen las personas lo que necesitan para vivir (por ejemplo, comida, techo, salud, educación), las diferencias de estatus o poder entre la gente, las creencias religiosas y las actividades, la cosmovisión. La amplitud de la investigación en estas áreas está fuera del alcance de este manual. Aspirar a aprender cómo hacer este tipo de investigación antropológica, o encuentra a alguien más que pueda hacerlo.

Continúa la investigación

Es muy probable que nunca alcances a comprender todo lo que se debe saber sobre una comunidad, por eso debes seguir aprendiendo. Algunas de las mejores formas de aprender han sido desarrolladas por antropólogos, y tú puedes aprender a hacerlo. Éstas incluyen aprender mediante la observación al participar (observación participante), al crear (aprender una forma de arte desconocida para ti), al preguntar (entrevistar), al escribir (tomar notas), capturar y observar audio y video (grabaciones), y al tomar fotografías. Encuentra a alguien que pueda enseñarte estas habilidades a través de clases, libros o tutoría.

Finalmente, buscamos que toda nuestra interacción con las personas sea guiada por el amor. A lo largo de toda la investigación, sé amoroso, humilde, generoso y desea lo mejor para la comunidad.

PASO 2

DEFINE LOS OBJETIVOS PARA UN FUTURO MEJOR

Nuestro objetivo como seguidores de Cristo es ver el Reino de Dios revelado en la tierra. Deseamos ver que se viva su Reino en su plenitud aquí, pero sabemos que recién lo experimentaremos así cuando estemos en el cielo. Las comunidades desean una vida mejor en algún aspecto de sus vidas en sociedad, y sus miembros luchan y se esfuerzan para lograr objetivos del Reino de Dios sin saber que eso es lo que están haciendo. Tú puedes ayudarles en este camino. El término «objetivos del Reino» nos ayuda a ver las numerosas formas en que el Reino de Dios puede manifestarse en la tierra.

En el Paso 2, presentaremos primeramente un breve resumen de las formas en que Dios puede revelarse. Luego te guiaremos a través de un proceso de ayuda a la comunidad a decidir sobre qué objetivos desean trabajar.

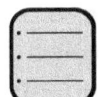 Para cada categoría de objetivos del Reino, brinda un ejemplo que refleje dicho objetivo y sugiere otros tipos de objetivos del Reino.

Categoría de objetivos del Reino: Identidad y sustentabilidad

Valorar la identidad
Donde el Reino de Dios crece, las comunidades valoran su cultura.

En muchos lugares, los grupos minoritarios piensan mejor de los demás que de ellos mismos. Subestiman la utilidad, belleza o valor intrínseco de su propia cultura. Pero «…Dios creó a los seres humanos a su propia imagen» (Génesis 1.27 NTV).

Valorar los aspectos buenos de una sociedad es correcto, saludable y santo. Cuanto más valoran su cultura los miembros de una comunidad (de una manera apropiada), tanto más posible es que el Reino de Dios avance. Y si ahondamos aún más, podemos decir que los géneros artísticos de una comunidad representan algunas de las partes más identificables y valiosas de la cultura. Si los individuos no ven lo bueno de sus propias artes, no lo usarán para adorar a Dios o para comunicar verdades a otros. Deseamos explorar las formas en las que una comunidad puede afirmar sus recursos artísticos; luego pretendemos descubrir métodos para crear nuevas obras que fomenten una identidad cultural fuerte y divina.

Enseñar a los niños
Donde el Reino de Dios crece, las comunidades enseñan sus tradiciones a sus hijos.

Una señal de que una comunidad posee una identidad saludable es que sus miembros enseñan gran parte de su cultura a sus hijos y nietos. Poder identificar los patrones de qué y cómo cada generación transfiere su conocimiento artístico revelará la salud de dicha comunidad.

Utilizar los medios de comunicación
Donde el Reino de Dios crece, las comunidades contribuyen y se involucran en medios de comunicación locales, regionales e internacionales.

Todas las personas alrededor del mundo están constantemente buscando formas de comunicación con los demás. Las comunidades cuyos miembros tienen una estima alta (apropiada) de su valor reciben y aprenden formas de comunicación artística de otros. También contribuyen con grabaciones de su propio arte a través de los medios de comunicación de manera local, regional y global.

Categoría de objetivos del Reino: Shalom

Jesús ingresó a la sociedad humana de tal manera que sus seguidores pudieran vivir una vida plena (Juan 10.10). Vino para que pudiéramos tener paz (Juan 14.27). La palabra hebrea *shalom* representa mucho de lo que él prometió: un estado de paz, plenitud, armonía social, justicia y salud. Bryant Myers ha sugerido que aunque «*shalom* y vida abundante son ideales que no veremos de este lado de la segunda venida, la visión de un *shalom* que nos lleva a tener vida en plenitud es una imagen poderosa que debería ponernos al corriente y moldear nuestro pensamiento acerca de cualquier idea humana de un futuro mejor».[7]

---

[7] Bryant L. Myers, *Walking with the Poor: Principles and Practices of Transformational Development* (Maryknoll, NY: Orbis, 1999), 51. (caminando con los pobres: principios y practicas de desarrollo transformacional)

Sanidad
Donde el Reino de Dios crece, las comunidades responden a los problemas mediante sanidad y restauración.

Las fuerzas que se levantan en contra del *shalom* son aterradoras: guerra, desastres naturales, explotación sexual, enfermedades, esclavitud, hambre y sed. Una comunidad que muestra las características del Reino de Dios tiene miembros que responden a estos problemas con sanidad y restauración. La actividad artística juega un rol crucial en el crecimiento del *shalom*; lleva a las personas que sufren a tener esperanza, infunde solidaridad en la comunidad y ayuda a la sanidad emocional y física.

Reconciliación
Donde el Reino de Dios crece, las comunidades se reconcilian entre sí y con las de afuera.

La comunicación artística nos ayuda a abrir nuestros brazos unos a otros; crea un sentimiento de unidad que lleva a algo más profundo que nuestras propias historias. Cantar y danzar juntos requiere unidad, coordinación en sonido y movimiento. El gozo resultante, el placer y la solidaridad establecen una nueva confianza; nos permiten quitar nuestra mirada del dolor y posar nuestros ojos en las verdades divinas. Las formas artísticas de comunicación llevan a momentos poderosos de arrepentimiento, perdón, solidaridad, amor y reconciliación que perdura.

Justicia
Justicia social. Donde el Reino de Dios crece, las comunidades aman y fortalecen al pobre y marginado.

Dios ha comunicado de manera muy clara y repetida a través de la Escritura que Él cuida a los débiles, especialmente a los huérfanos, a las viudas y a los extranjeros (Dt 10.18; Stg 1.27) y a las personas sin dinero suficiente (Dt 15:7,8; Sal 9:18; Lc 4:18; 6:20). Se enfoca en el oprimido de forma política y social (Neh 9:15; Lc 1:46-55), en los prisioneros (Sal 146:7), en los hambrientos y en las personas sin hogar (Is 58:6-11; Mt 25:34-40). Jesús hizo mención de algo importante al decir que de los pobres es el Reino de los cielos (Lc 6:20-26). Dios muestra cómo la insensibilidad y el pecado de personas poderosas muchas veces producen injusticia hacia personas marginadas (Sal 12:5; 35:10; 72:12-14; Pr 22:22,23; Is 10:1-3).

En respuesta a esta realidad, Dios instó a las personas con recursos a ser generosos (Dt 15:7,8; Pr 11:24,25; Ro 12:13; 2 Co 9:6-13; Stg 2:15-17). Dijo que seamos amables con los marginados (Pr 14.31), que los defendamos (Pr 31:8,9) y que rompamos con los sistemas que los esclavizan (Is 58:6-11). Las comunidades pueden trabajar en pos de la justicia al valerse de sus artes. Pueden infundir esperanza, hablar verdades incómodas a aquellos en autoridad y animar en pos de la solidaridad.

Educación
Cuando el Reino de Dios crece, los miembros de la comunidad aprenden en qué cosas deben tener éxito y cómo contribuir con sus sociedades.

Las comunidades que no son sanas y cuyos miembros no tienen una estima alta de su identidad, con frecuencia presentan un sistema de educación débil. Los cambios sociales rápidos pueden despojar a las personas del conocimiento o entrenamiento necesarios para prosperar. El arte es un sistema de comunicación poderoso. Por esta razón, las comunidades pueden incluirlo en todas las asignaturas educativas y los contextos de enseñanza.

Alfabetización
Donde el Reino de Dios crece, las comunidades leen y escuchan la Biblia y otras obras literarias.

Una comunidad que posee las características del Reino de Dios tiene miembros con acceso a las Escrituras y a otras obras literarias a través de medios escritos y auditivos. Es preciso contar con personas en la comunidad que puedan leer, escribir y escuchar. Los objetivos de alfabetización se relacionan tanto con lo técnico (por ejemplo, la comprensión de la estructura de la lengua) como con lo social (por ejemplo, querer leer y escribir en una lengua y sentirse capaz de adquirir dichas habilidades). Las formas artísticas que poseen componentes del lenguaje significativos (por ejemplo, canciones, teatro, narración, proverbios y acertijos) y esos que no los tienen (por ejemplo, danzas, artes visuales) fortalecerán los objetivos de alfabetización.

Oportunidad económica
Donde el Reino de Dios crece, los miembros de la comunidad pueden contribuir para el bienestar material.

La Escritura nos muestra que los humanos estamos hechos para trabajar. Dios creó el universo (Gn 1). Luego, puso a Adán a cargo del jardín del Edén (Gn. 2.15). Dios aconsejó a Adán y a Eva que fueran productivos (Pr 18:9; Col 3:23; 2 Ts 3:10; 1 Ti 5:18) y a recompensar el trabajo (1 Ti 5:18). Los miembros de una comunidad marcada por el Reino de Dios tienen oportunidades para comprometerse en trabajos significativos y recompensados materialmente. Los artistas se benefician de sus actividades cuando se les paga por sus presentaciones u objetos artísticos. La comunicación artística puede incluso ayudar en el comercio mediante la publicidad; puede motivar y coordinar a los trabajadores. Una comunidad que prospera, valora y recompensa la contribución de los artistas para con su salud material.

Categoría de objetivos del reino: Escritura
Traducción de la Escritura
Donde el Reino de Dios crece, las comunidades traducen la Escritura.

Una comunidad que muestra características del Reino de Dios tiene miembros que saben lo que Dios dice en la Escritura. Para ello, deben tener acceso a una traducción de la Biblia fiel a los documentos originales; una traducción clara para la vasta mayoría de la comunidad. La traducción debe proveer textos de la manera más penetrante y apropiada para la lengua local. También debe estar disponible para su uso en las variadas tradiciones cristianas, y para su transformación con facilidad en formas de comunicación oral. La Biblia está llena de formas artísticas de comunicación: parábolas, proverbios, historias, letras de canciones, poesía. Los conocimientos sobre géneros artísticos locales ayudará a la comunidad a traducir la Escritura de maneras que alcancen los objetivos de la traducción.

Escritura que se transmite en la oralidad/narración de historias
Donde el Reino de Dios avanza, las comunidades tienen acceso a la Escritura a través de formas familiares.

Una comunidad marcada por el Reino de Dios tiene acceso a la Escritura de diversas formas. Las formas locales de arte—especialmente aquellas que son usadas para contar historias—pueden jugar un rol clave para la integración de la Escritura en la vida de la comunidad.

Categoría de objetivos del Reino: Vida de iglesia

Adoración congregacional
Donde el Reino de Dios avanza, los seguidores de Cristo se reúnen a adorar de maneras que promueven la comunicación profunda con Dios y con los demás.

La adoración bíblica constituye una vida completamente rendida a Dios (Ro 12:1,2). Es una decisión de vivir cada momento para la gloria de Dios y no para nuestro propio honor. Una vida en adoración incluye momentos de reunirnos con otros creyentes para adorar sinceramente a Dios y comunicarnos con él (Sal 95:6; 96:9; Hch 2:42; He 10:24,25; Ap 19:10). El arte local provee lenguajes para estos momentos de adoración y escucha de Dios. Aumenta el uso de todo nuestro corazón, alma, fuerzas y mente (Sal 100:2; Mr 12:29,30). Jesús enseñó que no importa dónde adoramos, siempre y cuando lo hagamos en espíritu y en verdad (Jn 4:21-24). Las enseñanzas de Jesús abren la puerta para que personas de toda lengua y nación puedan usar sus propias formas de comunicación para adorarlo y honrarlo.

Formación espiritual
Donde el Reino de Dios es fuerte, los seguidores de Cristo crecen en el conocimiento de Dios, en obediencia y en un carácter y hábitos maduros.

Las formas artísticas de comunicación fortalecen y dan estructura a la formación espiritual tanto formal como informal, al entrenamiento y al mentoreo.

Estudiar y recordar la Escritura
Donde el Reino de Dios crece, las comunidades comprenden y recuerdan la Escritura.

Una comunidad que muestra más y más características del Reino de Dios tiene miembros que estudian, recuerdan y comprenden la Escritura. Las investigaciones muestran que memorizar palabras a través de canciones o movimientos involucra más áreas del cerebro. Así pues, cuantas más formas usemos para aprender la Escritura (incluyendo el arte local) más probable es que la recordemos mejor.

Ceremonias cristianas
Donde el Reino de Dios es fuerte, los eventos espirituales intensos marcan la vida de las personas.

Los momentos importantes de la vida incluyen bodas, comunión o la eucaristía. Los funerales, ritos de iniciación y fiestas de agricultura pueden constituir ocasiones muy significativas. Las formas artísticas de comunicación indican que ciertos eventos son especiales; las expresiones artísticas proveen continuidad histórica a través de las formas y modos únicos que se utilizan. Éstos abren canales integrales de comunicación con Dios.

Ser testigos
Donde el Reino de Dios crece, los no creyentes de las comunidades aprenden acerca de Dios.

Una comunidad que posee características del Reino de Dios tiene miembros que aprenden que él es su Creador y Salvador. Las artes locales muchas veces están entrelazadas con las actividades tanto diarias como especiales de la vida. Constituyen eventos importantes de la vida; llenan la interacción social y el entretenimiento. La enseñanza también incluye el arte local. Dado que la vida diaria y las expresiones artísticas locales se mezclan tanto, la comunicación artística provee una forma poderosa para comunicar la verdad acerca de Dios.

Categoría de objetivos del Reino: Vida espiritual personal

Formación espiritual
Donde el Reino de Dios es fuerte, los seguidores de Cristo conocen y experimentan a Dios cada vez más, y crecen en obediencia y en un carácter y hábitos devotos.

Las formas artísticas de comunicación fortalecen y dan estructura a la formación espiritual tanto formal como informal, al entrenamiento y al mentoreo.

Oración y meditación
Donde el Reino de Dios crece, los individuos tienen vidas poderosas de oración.

La comunidad que muestra características del Reino de Dios posee discípulos de Cristo que se comunican con Dios con frecuencia y sinceridad. La expresión artística puede mejorar esta comunicación ya que la hace disfrutable, y a la vez se conecta en profundidad con las emociones y deseos de las personas.

Estudio bíblico personal
Donde el Reino de Dios crece, las personas examinan la Escritura con precisión y fidelidad.

La comunidad que demuestra características del Reino de Dios tiene miembros que examinan la Escritura con precisión y fidelidad y que integran las formas artísticas de comunicación en sus estudios bíblicos personales. Luego, recuerdan mejor, entienden más y son transformados aún más.

Aplicar la Escritura

Donde el Reino de Dios crece, las comunidades aplican las enseñanzas de la Biblia a sus vidas.

Una comunidad que refleja más y más características del Reino de Dios posee miembros que aplican las enseñanzas de la Escritura a sus experiencias cotidianas. La Biblia fue escrita para personas de diferentes culturas y tiempos. ¿Cómo podemos aplicarla hoy correctamente a nuestras vidas diarias, en todas las culturas? La comunicación artística local ayuda a conectar verdades espirituales con la vida en formas motivadoras y memorables.

A menos que sean cristianos, la comunidad con la que trabajes no estará motivada a ir en pos de objetivos formulados como «objetivos del Reino de Dios». De todos modos, como todos los humanos hemos sido creados a imagen de Dios, todos anhelamos paz, salud, gozo, significado y justicia. Podríamos llamar a estos atributos "señales de un futuro mejor", así que cuando una comunidad desea alguna de estas cosas, podemos ayudar a sus miembros de todo corazón, de acuerdo a nuestras habilidades y llamado. Si estamos trabajando con una iglesia local, los objetivos naturalmente incluirán la profundización de la relación con Dios. El Rey del Reino de Dios es Jesús. Si caminamos juntos con individuos y comunidades que no conocen a Jesús, nuestro amor y palabras pueden guiarlos hacia él.

Pasos para definir los objetivos del Reino

Tener una lista de objetivos del Reino y saber cuáles seguir, son dos cosas diferentes. Trabaja con la comunidad para determinar cuáles objetivos son importantes para ellos. Encuentra objetivos que ellos desearían alcanzar. Crear en conjunto incluye un proceso continuo de identificación y modificación de los objetivos del reino. Sigue los pasos a continuación para comenzar el proceso.

1. **Habla y escucha a las personas.**

   Las estructuras sociales (como organizaciones gubernamentales, iglesias, mezquitas, asociaciones de ahorro y crédito, o conferencias) proveen un buen espacio para la conversación. Quizás quieras reunir a un pequeño grupo de personas que representen distintas partes de la comunidad para completar esta actividad.

2. **Explora e identifica las fortalezas y ambiciones de la comunidad.**

   Pregunta a la comunidad qué han estado haciendo bien y cuáles son sus anhelos para sus hijos, para sí mismos y para su comunidad. El cuadro de fortalezas y ambiciones identifica la *presencia* de señales particulares del Reino, al menos como esperanza.

 **3. Relaciona cada fortaleza u ambición con un objetivo del Reino.**

Llena el cuadro para lograr una referencia fácil, como la que mostramos a continuación (estos son sólo ejemplos).

Fortalezas y aspiraciones	En relación a estos objetivos del Reino
Respeto entre generaciones	Identidad y Sostenibilidad
Celebración	Identidad y Sostenibilidad
Hospitalidad	*Shalom*

Cuadro ejemplo de fortalezas, aspiraciones y el objetivo del Reino con el que se relacionan

4. Explora los problemas de la comunidad.

Pregunta sobre temas que plantean dificultades y averigua qué es lo que causa tal preocupación. Pregunta qué está peor hoy en día en comparación con cinco, diez o veinte años atrás. Apúntalos en un cuadro similar (ver abajo) para visualizar con mayor facilidad la relación de cada uno con los objetivos del Reino. El cuadro de problemas identifica la *ausencia* de ciertos signos del Reino.

Problemas	Relacionados con estos objetivos
Enfermedad: SIDA, malaria	*Shalom*
Guerra, crimen, violencia	*Shalom*
Conflictos intergeneracionales, pérdida de tradiciones	Identidad y sostenibilidad
Miedo a la muerte	Vida espiritual personal
Explotación: esclavitud, prostitución	Justicia
Imposibilidad de leer y escribir	Justicia
Falta de acceso a la Biblia	Escritura
Falta de crecimiento espiritual	Vida espiritual personal
Falta de unidad en la comunidad cristiana	Vida de iglesia
Grupos dejados fuera de la alabanza	Vida de iglesia
Comunión con Dios inadecuada	Vida espiritual personal
Educación inadecuada	Justicia
Hambre	Justicia

5. Escoge un objetivo.

Discute con la comunidad qué problema es el que más quisieran atender. Habla acerca de la fortaleza sobre la cual quieran construir.

6. Escribe claramente el objetivo elegido.

Declara el objetivo elegido en el siguiente formato. Para ello sustituye tus resultados por la palabra en itálica:

Paso 2

La comunidad

ha escogido

una meta como objetivo del Reino.

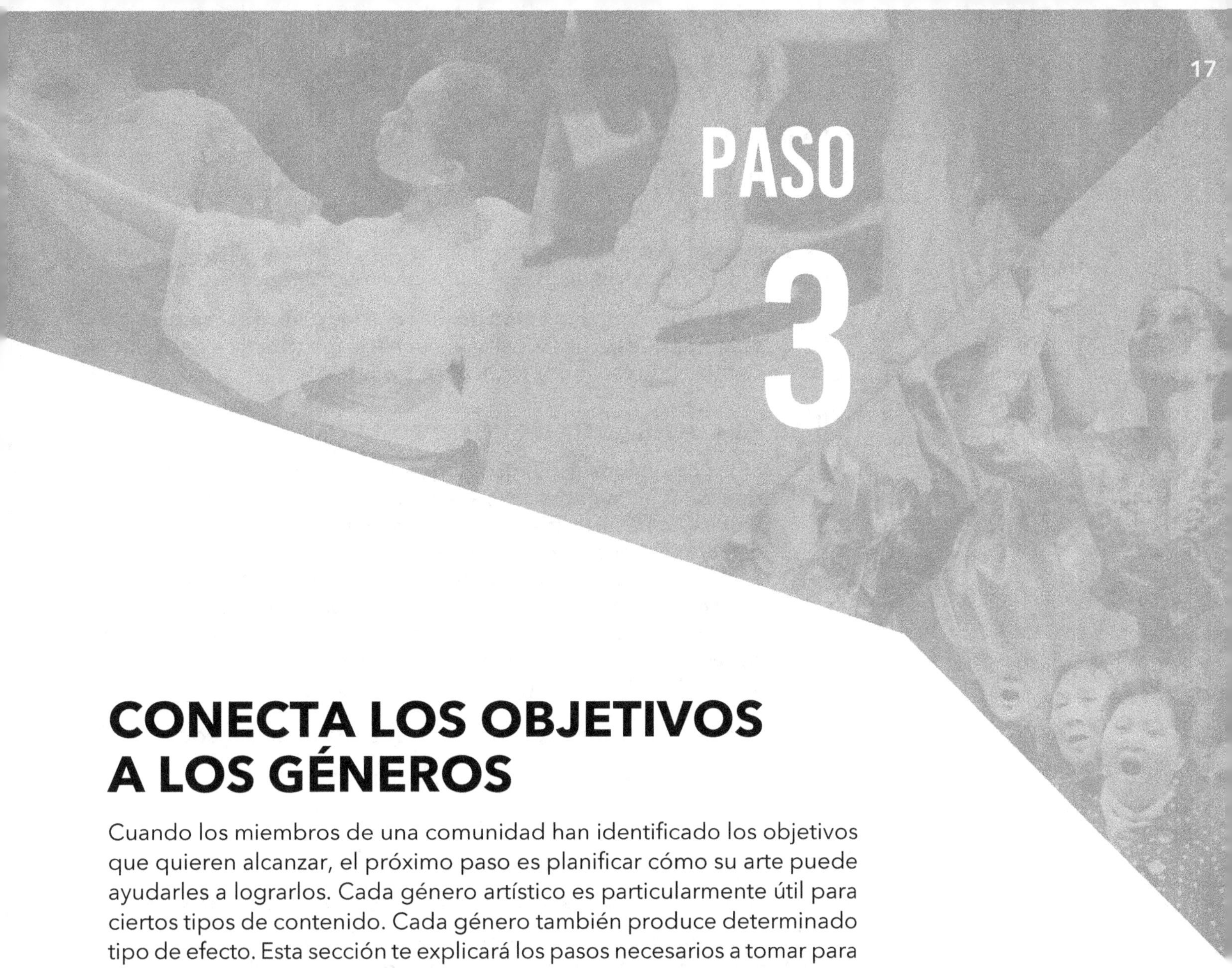

PASO 3

CONECTA LOS OBJETIVOS A LOS GÉNEROS

Cuando los miembros de una comunidad han identificado los objetivos que quieren alcanzar, el próximo paso es planificar cómo su arte puede ayudarles a lograrlos. Cada género artístico es particularmente útil para ciertos tipos de contenido. Cada género también produce determinado tipo de efecto. Esta sección te explicará los pasos necesarios a tomar para la selección de los géneros con los que se lograrán propósitos específicos.

1. **Factibilidad-** ¿Existen los recursos que nos permitan ratificar el genero? Por ejemplo, ¿hay personas que nos enseñen como hacerlo?
2. **Connotaciones, Efectos, Eventos -** ¿Ratificar este género ayuda a las personas a pensar, sentir, y actuar hacia los propósitos del reino? ¿En que forma?
3. **Contenido -** ¿Qué contenido puede ayudar a los efectos deseados? ¿Puede tener connotaciones de empoderamiento o debilitar los efectos esperados?

Figura 8. Simplificar la visión de Conectar los Géneros con Objetivos

Elige los efectos deseados del nuevo arte

¿Qué resultados quieres que el arte produzca en la comunidad? Algunos ejemplos pueden ser que los miembros de la comunidad:

- Comprendan un mensaje importante,
- Actúen de manera diferente,
- Cambien un comportamiento nocivo o peligroso,

- Hagan algo nuevo,
- Piensen diferente,
- Sean solidarios con otros, y
- Experimenten esperanza, gozo, indignación, arrepentimiento, júbilo, paz, satisfacción, alivio, empatía, sorpresa u otras emociones.

 Explora en conjunto cómo deseas que las personas cambien de maneras que les permitan avanzar hacia los objetivos del Reino. Escribe los resultados de la discusión.

Elige el contenido del nuevo arte

 Si los resultados deseados dependen de personas que aprenden ideas a través del arte, asegúrate de que las ideas sean confiables. Estudia la verdad del contenido a ser enseñado para que el mensaje transmitido sea correcto. Si el mensaje es sobre cómo prevenir la malaria, asegúrate de saber con exactitud cómo se previene la malaria; habla con un profesional de la salud. Al usar la Escritura, estudia el pasaje bíblico antes de crear un mensaje basado en ese pasaje; habla con eruditos y traductores. Habla sobre el contenido con Dios, otros artistas y líderes.

Juntos, compartan y escriban la respuesta a estas preguntas:

- ¿Qué contenido deseamos comunicar?
- ¿Cómo podemos estar seguros de que el contenido es fiable?

Escoge un género para comunicar el contenido y producir los efectos deseados

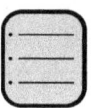 Cada género artístico tiene características que influyen en los mensajes que transmiten y en los efectos que tienen. Juntos, revisen la lista de géneros artísticos que produjeron en el **Paso 1**. Revisar el Género y hacer una comparación con la tabla que usted hizo añadiéndolo como necesario.

Género	Descripción breve	Evento	Participantes	Connotaciones	Efectos

Para cada género, pregunta:

- ¿Podría una nueva obra artística en este género lograr los efectos que hemos elegido? Sí, no, ¿por qué no?
- ¿Podría una nueva obra artística en este género comunicar bien el contenido que hemos elegido? Sí, no, ¿por qué no?

Reduzcan la lista a uno o dos géneros que podrían ser los mejores para efectuar esos cambios y comunicar el contenido.

Recuerda que todos los géneros artísticos tienen características que pueden ser redimidas para propósitos divinos. No obstante, no todo es apropiado para todo momento de la vida de una comunidad. Anima a los involucrados en el trabajo a orar y recibir sabiduría del Espíritu Santo. No fuerces un nuevo uso para un género en la comunidad hasta que los líderes involucrados consideren que hacerlo es sabio. Asegúrate de que Dios quiera que suceda ahora, o no.

Propone una lluvia de ideas sobre eventos que podrían incluir la presentación de la nueva obra

 Antes de comenzar a planificar cómo crear nuevas obras en un género, imagina los contextos para su futura presentación. Piensa cómo funcionan los trabajos nuevos en cuanto a la comunicación. Algunos ejemplos de contextos de comunicación pueden ser vistos en el listado a continuación.

Trabaja en conjunto:

- Hagan una lista de los tipos de eventos en que las nuevas obras que se crearán puedan ser parte.
- Recuérdense entre ustedes las elecciones hechas hasta ahora: efectos deseados, contenido (mensajes) y género.
- Elijan algunos de los tipos de eventos que hayan surgido en la conversación y describan de forma breve sus componentes comunicativos:
    - ¿Quiénes son los comunicadores?
    - ¿Cuándo y dónde podría suceder el evento?
    - ¿Qué sentidos se usarán los participantes para experimentar el contenido?
    - ¿Cómo afectará el género al mensaje que la gente experimentará?
    - Cuando las personas experimenten la obra de arte, ¿tendrá los efectos deseados?
    - ¿Cómo responderán las personas a los comunicadores originales?
- Elige un evento en el cual les gustaría presentar o representar la obra nueva.

> **Escribe los resultados para el Paso 3 de la siguiente manera:**

_____ preparará
La comunidad

_____ que incluye la presentación del
el evento

_____ para que
género

_____ para conseguir
el contenido

_____ que ayudarán a
los efectos

_____ a avanzar hacia
la comunidad

_____.
los objetivos del Reino

PASO 4

ANALIZA LOS GÉNEROS Y LOS EVENTOS

Para poder crear una pieza de arte nueva y efectiva, primero debemos comprender el género del cual proviene. El Paso 4 nos da ideas acerca de la forma en la que se debe analizar y explorar dicho género en detalle. Mientras aprendes más y más sobre formas artísticas, recuerda que, como todo en este mundo, pueden cambiar a lo largo del tiempo. Así que por ello, no te aferres a tus descripciones; las cosas podrían ser distintas mañana.

Paso 4 Contiene estos componentes:[8]

- Escoge un evento artístico y analízalo.
- Haz una primera vista como un Evento Completo.
- Haz una primera vista a los eventos del género (s).
- Profundiza tu conocimiento de las formas del evento mediante los Siete Lentes.
- Relaciona los eventos del género (s) a su contexto cultural.
- Explora el Arte de una iglesia.

A medida que avances en el Paso 4, descubrirás que no todas las actividades de investigación que incluimos en el manual son relevantes al arte que tú estás investigando. Aún si así fuera, no tienes tiempo de

---

[8] En el 2013 *CALC Manual*, **paso 4** es dividido en cuatro sub-pasos. No lo hemos seguido en este manual CALC. En lugar , hemos incluido los de mayor ayuda y elementos accesibles de **4A**, **4C**, y **4D**, dejando el **4B**–buscando las características artísticas complejas–para un análisis más detallado de la forma.

hacerlo todo. Por ello te aconsejamos hacer las prácticas que comienzan con «Echa un primer vistazo». Estas consignas proveen gran cantidad de ideas que requieren relativamente poca energía y tiempo. Luego, elige lo que parece más pertinente o interesante. Serás capaz de hacer lo suficiente.

> **CONSEJO SIMPLE PARA GRABACIÓN DE AUDIO Y GRABACIÓN VISUAL**
>
> La grabación de productos y actividades artísticas aumenta la memoria. Permite revisar los materiales, notar cosas que se pasaron por alto, escuchar o mirar a alguien danzando repetidas veces para poder aprender, entre muchos otros beneficios más. Aquí hay algunas ideas básicas para ayudarte a hacer que las grabaciones sean más útiles.
>
> - **Consigue el mejor equipamiento tecnológico que puedas.** La tecnología no deja de avanzar, por ello es imposible decirte qué equipamiento particular deberías obtener. Pide consejo a las personas del lugar donde estás y aprende bien cómo usar el material que adquieres.
> - **Una mala grabación es mejor que ninguna.** Sería bueno que busques formas de incrementar tus habilidades de grabación, pero nunca dejes que la falta de experiencia te impida registrar algo.
> - **Lleva equipamiento de respaldo para realizar copias de seguridad.** Los equipos pueden dañarse cuando menos lo esperas. Lleva baterías de repuesto y otros recursos de grabación que puedas.
> - **Asegúrate de que el tipo de grabación que estás haciendo sirva para tus objetivos.** Si estás planificando enviar tus grabaciones a un archivo o productor de multimedia, deberás averiguar sobre sus patrones de trabajo.
> - **Siempre pide el permiso de cualquier persona que grabes.** Cuéntales cómo planeas usar las grabaciones y pregúntales si están de acuerdo o no. Pueden escribirlo, o puedes grabarlos diciéndolo.
> - **Documenta todo lo que registras.** Tus grabaciones pueden llegar a perder valor si tú no estás disponible un día por alguna razón y nadie sabe qué es lo que has hecho. Por eso, escribe lo que grabas en papel, y describe cuándo, dónde, qué y a quién has grabado. También puedes grabarte a ti mismo decir «Habla *tu nombre*, grabando *tal o cual persona*, en *tal o cual lugar*, en el *día tal*».

Figura 9: Consejo simple para grabación de audio y grabación visual

Escoge un evento artístico para analizar

Lo primero que necesitas para hacer esto es decidir de cuál evento artístico debes aprender más. Es muy importante que eches mano de tu experiencia actual para entender más sobre el arte de la comunidad. Si todo lo que haces es hablar con alguien en abstracto, no podrás confiar en tus propias conclusiones.

Puedes explorar tantos eventos como quieras; cada uno enriquecerá tu conocimiento. Remítete a estas guías que te ayudarán a elegir un evento para estudiarlo.

> **CARACTERÍSTICAS DE UN EVENTO ARTÍSTICO APTO PARA SER ESTUDIADO**
>
> - **Experiencia directa.** Ser testigos del evento o los objetos de primera mano, o tener una buena filmación de video del evento.
> - **Género escogido.** Dicho evento debe poseer un ejemplo del género con que la comunidad eligió trabajar.
> - **Evento Comunitario.** Debe ser representado o hecho por personas de la comunidad.
> - **Buen ejemplo** Será útil si el evento es autóctono en su tipo y realizado por artistas expertos que la comunidad reconoce.

Figura 10: Características de un evento artístico apto para ser estudiado

Echa un primer vistazo a un evento como un todo

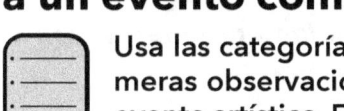

Usa las categorías que presentamos aquí para realizar tus primeras observaciones, entrevistas breves y valoraciones de un evento artístico. Explorarás cada categoría en mayor detalle más adelante.

Contexto

- **Nombre de la comunidad:** _____

- **Ubicación** (país, región, ciudad/aldea, sitio)**:** _____

- **Fecha(s):** _____

- **Tu nombre:** _____

Las siguientes categorías se relacionan fundamentalmente con formas de comunicación artística.

Espacio

¿El evento fue realizado en un lugar cerrado o al aire libre? ¿Dónde se ubicaban las personas en el lugar? ¿Cómo fue cambiando el uso del espacio en distintos momentos?

Materiales

¿Qué ropa, vestimentas, instrumentos musicales, medios electrónicos, amplificación e iluminación notaste? Toma fotos y dibuja esquemas, si puedes o si así lo deseas.

Participantes

¿Quiénes estaban presentes? ¿Cuántas personas de cada género estaban allí? ¿Cuáles eran sus edades? ¿Alguna otra variación demográfica? ¿Estatus social? ¿Qué hacían en el lugar? ¿Cómo interactuaban? ¿Quién organizó, anunció y promocionó el evento?

La forma del evento

¿Cuánto duró el evento? ¿Cuándo ocurrió el evento? ¿Cuáles fueron las secciones internas mayores del evento?

Características de la presentación

¿Qué hacían todas las personas? ¿Qué actividades estuvieron asociadas con este evento, incluyendo las previas y posteriores?

Contenido

¿Qué tipos de argumentos, textos, moralejas, temas y lenguajes fueron utilizados?

Sistemas simbólicos subyacentes

¿Qué significados podrían asociarse con los elementos mencionados arriba?

Las siguientes categorías se relacionan fundamentalmente con la forma en que las artes se articulan en una cultura.

Propósito(s) aparente(s)

¿Cuál fue la ocasión del evento? ¿Las personas tenían un nombre para el evento? ¿Qué intentaban alcanzar o completar en este evento? ¿Cómo intentaban hacerlo? ¿Había algún objetivo secundario que fuera comunicado explícitamente o entendido tácitamente? ¿Cómo afectaron los objetivos al evento en sí mismo?

Emociones

¿Cómo se sintieron los participantes con el evento? ¿Cómo se sintieron otros sobre el evento? ¿Qué sentimientos fueron expresados a través de éste o en determinadas partes, como durante un discurso o una canción?

Valores de la Comunidad

¿Notaste signos de jerarquía versus igualitarismo en la estructura social? ¿Libertad versus una atmósfera rígida? ¿Conformidad contra inconformidad? ¿Hubo incógnitas en los textos, en las relaciones espaciales o en las interacciones entre los participantes?

Inversión comunitaria

¿Cuántos y qué tipos de recursos invirtió la comunidad en este evento? Esto podría incluir tiempo de preparación, finanzas, duración del evento, número de personas involucradas y marcadores sociales.

Echa un primer vistazo a un género del evento

Las siguientes preguntas simples te ayudarán a enfocarte en el tipo de arte utilizado en un evento. Seguramente puede haber más de un tipo de género artístico en un evento, pero te aconsejamos aplicar las preguntas a un solo género por vez:

- *¿Qué* arte se produce? Por ejemplo: nombre del género, tipos de actividades como pintura, actuación, canto o danza.

- *¿Quién* lo crea o lo lleva a cabo normalmente? Por ejemplo: mujeres, hombres, niños, miembros de determinadas castas, etc. También reúne nombres de artistas prominentes o creadores.
- *¿Dónde* se crea o se lleva a cabo? Por ejemplo: de día, de noche, en ceremonias, semanalmente, con ensayos, espontáneamente por placer, etc.
- *¿Ante quiénes* se presenta normalmente? Por ejemplo: pretendientes o postulantes potenciales, audiencias eufóricas, Dios, etc.
- *¿Por qué* se presenta? Por ejemplo: para expresar emociones, hacer dinero, motivar a la acción, afirmar la identidad, jugar, etc.
- *¿Con qué* connotaciones se presenta normalmente? Por ejemplo: connotación espiritual, sexual, de celebración, etc.
- *¿Cómo* se crean normalmente las nuevas instancias? Por ejemplo: individuos solitarios, sueños, experimentación grupal, etc.

Profundiza la comprensión de las formas de un evento

En términos físicos, un lente es una pieza de vidrio especial. El vidrio es pulido o alterado para permitir la entrada de luz. Dependiendo del objetivo de quien lo hace, un lente puede hacer que un objeto se vea más cerca, más lejos o más colorido. Un lente sirve para poner en foco un aspecto de algún objeto. Queremos usar la misma idea, metafóricamente, para guiar la investigación sobre el arte. En particular, presentaremos un método que guiará a tus ojos, oídos, nariz, piel y cuerpo a desarrollar cada una de las siete categorías que detallaremos. Ellas son: espacio, materiales, participantes, forma del evento a lo largo del tiempo, características de la presentación, contenido y sistemas simbólicos subyacentes.

Cada uno de estos lentes puede llegar a interactuar de forma cercana con los demás, o algunos pueden llegar a describir lo mismo desde una perspectiva diferente. Así que no te sorprendas si encuentras que hay patrones reiterativos. Además, cada lente quizás no revele pensamientos del mismo modo en cada evento. Si un lente pareciera no ayudar mucho, elige otro para poder mirar el arte a través de él.

Hemos diseñado estos lentes para ayudarte a comprender más acerca de un evento que tenga contenido artístico. Si cierto evento es el primero que has visto de su tipo, no sabrás aún qué es lo normal. Tampoco sabrás qué es diferente de manera significativa con lo que normalmente sucede. Mientras usas los lentes para describir más eventos de este mismo tipo, verás tanto los patrones comunes como las diferencias.

LENTE #1: ESPACIO

El espacio es la ubicación, marcas de límite y características físicas del área utilizada para la comunicación artística. El espacio afecta el movimiento de los participantes y su relación con los demás. Alarga o acorta el tiempo que los participantes necesitan para moverse alrededor, y a la vez, afecta otros elementos de la presentación artística.

El espacio es significativo especialmente en eventos relacionados con el teatro y la danza; además, los creadores de objetos artísticos también manipulan el espacio y crean estructuras formales a través de características como la proporción, el ritmo y el balance.

 **Para saber más sobre el espacio, realiza actividades como estas:**

- Haz estas preguntas: ¿La actividad se desarrolló en un lugar cerrado, al aire libre o en ambos espacios? ¿Cuáles son algunas de las características del lugar donde se llevó a cabo (forma y tamaño, por ejemplo)? ¿En qué partes se separaba el espacio? ¿Qué actividades se asociaba con cada parte?
- Dibuja un diagrama del suelo, incluyendo límites y demarcaciones.
- Toma fotografías del lugar y sus alrededores.
- Haz preguntas a los participantes y otras personas que saben sobre el evento que tuvo lugar. Una buena idea sería hacer esto mientras miras un video del evento.
- Crea una lista de los nombres locales para los elementos del espacio usados en el evento.

LENTE #2: MATERIALES

Los materiales hacen referencia a todas las cosas tangibles asociadas con un evento. La vestimenta, instrumentos, utilería e iluminación, son todos materiales. Algunos objetos son más importantes para la realización y la experiencia del evento que otros. Pueden ser hechos por humanos (como una máscara) o designados para cumplir una función (como una pluma de águila representa una vestimenta real). Los objetos pueden servir para múltiples propósitos y transmitir significados en varios niveles. Por ejemplo, el tambor *Atumpan* (de Ghana) sirve como un miembro funcional del conjunto musical. También indica realeza por su forma, colores y construcción. Por lo tanto, cumple un papel tanto funcional como simbólico. Nota también que algunos objetos *no* pueden ser parte de las actividades del evento.

En teatro, se utilizan trajes y utilería para caracterizar y proveer un escenario dramático. Los objetos más comunes que se utilizan para producir resultados musicales son los instrumentos. En danza, la vestimenta y utilería pueden hacer resaltar el movimiento. Un narrador podría usar utilería para simbolizar un evento en su historia. Los artistas visuales usan todo tipo de materiales para crear objetos.

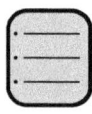 **Para averiguar más acerca de los materiales, desarrolla actividades como éstas:**

- Haz un listado de objetos asociados con el evento, y haz preguntas como: ¿Qué objetos estaban presentes, incluyendo las estructuras (como las construcciones)? ¿Qué objetos trajeron las personas expresamente para el evento? ¿Qué llevaban puesto las personas? ¿Qué elementos portaban, pateaban o manipulaban con sus cuerpos? ¿Hubo comida o bebidas como parte del evento?

- Para cada objeto, escribe esta información: ¿Cuáles son los nombres locales y otros dados al objeto? ¿Cuáles son las características físicas del objeto? Esto incluye materiales, diseño, construcción, peso y tamaño, y las fuentes de los materiales pueden incluir fibras (de plantas o animales), minerales, metales, plásticos y madera.

LENTE #3: PARTICIPANTES

En un evento artístico, prácticamente todos los presentes participan de algún modo (y a veces aún las personas que ni siquiera están allí participan también). Cada participante de un evento cumple un rol que afecta a la forma de la representación. Los roles pueden incluir a los creadores, los artistas (por ejemplo: cantantes, músicos, actores, bailarines, narradores), la audiencia (por ejemplo, los aficionados, los "espect-*actores*", los que interrumpen la presentación), los ayudantes (por ejemplo: utileros, escenógrafos, iluminadores, personas de seguridad, cobradores, ujieres), productores, directores y otros. Las historias de los participantes también son relevantes para las características formales del evento. Las historias pueden incluir: habilidades, parentesco y otras relaciones con los demás; estatus y rol en la vida diaria e identidad étnica, religiosa y social. Por ejemplo, un sacerdote podría ser el único que puede llevar a cabo cierto rol en una ceremonia religiosa.

 **Para indagar más sobre la organización de los participantes, realiza actividades como éstas:**

- Haz estas preguntas: ¿Cuántos participantes había en el evento (asegúrate de incluir a los ancestros o dioses que no estaban presentes físicamente)? ¿Cuáles fueron los roles de cada participante? ¿Notaste patrones convencionales (de etiqueta)? ¿Existen nombres locales para referirse a los distintos roles empleados en el evento? ¿Cuáles son algunas de las características sobresalientes de cada participante, en cuanto a su preparación, habilidad, reputación y posición profesional o casta?
- Realiza grabaciones de audio, video y toma fotografías del evento.
- Pregunta a un conocido involucrado en el evento, qué rol(es) podrías llegar a desarrollar tú en este tipo de acontecimiento.
- Haz una línea de tiempo en la que destaques las acciones de los participantes.
- Haz preguntas a los participantes y otras personas espectadoras acerca de lo que sucedió en el evento. Una buena idea es hacerlo mientras miran un video del evento.

Como siempre, busca significados, simbolismo y temas culturales más amplios.

LENTE #4: FORMA DEL EVENTO

Un modo de describir la forma del evento consiste en dividirlo en partes cronológicas. Puedes identificar el tiempo en que un segmento termina y el próximo comienza al notar cambios significativos que se producen en ciertos elementos del evento. Será más sencillo cuando lo mires a través de cada uno de los lentes. Estos cambios son llamados *marcadores*. Por ejemplo: pausas o contrastes repentinos en las representaciones de los participantes o el comienzo y el final de las acciones de algún participante o de canciones.

Un ejemplo de un género con muchos rasgos dramáticos es una representación compuesta por actos, escenas y también gestos y movimientos. Un concierto podría describirse por lo general como un evento compuesto por canciones, versos, frases y notas. Los géneros de danza consisten en piezas, motivos y gestos. Una pieza de arte oral como un poema contiene estrofas, líneas y ritmo.

 **Para indagar más sobre la forma del evento, realiza actividades como las siguientes:**

- Haz grabaciones de audio y video del evento.
- Crea una línea de tiempo con segmentación jerarquizada en base a los siguientes pasos:

Paso Uno

Mientras observas o escuchas la grabación, realiza una línea de tiempo del evento en la que anotes lo que sucede en los distintos momentos.

Tiempo	Qué sucedió
13:30	Los narradores comienzan a llegar
...	...
...	...
14:27	Todos se retiran

Paso Dos

Mira o escucha nuevamente la grabación y destaca aquellos puntos que parecen ser transiciones importantes (quizás necesites hacer esto con alguien que ha participado del evento que analizas). Luego, realiza un cuadro con los segmentos más largos dispuestos en la fila superior. Puedes continuar dividiendo los segmentos en escalas de tiempo más pequeñas, hasta llegar al nivel de investigación que te interesa.

Segmento 1 (5 min.)		Segmento 2 (12 min.)			Segmento 3 (10 min.)		Segmento 4 (3 min.)		
1A	1B	2A	2B	2C	3A	3B	4A	4B	4C

LENTE #5: CARACTERÍSTICAS DE LA REPRESENTACIÓN

Las características de la presentación son los resultados de observar lo que se hace en un evento. Un artista pone en uso habilidades y procedimientos especiales durante un evento; el artista conoce las reglas esenciales de la forma artística que desempeña, y debe dominarlas a fin de que el evento sea exitoso.

Podemos encontrar las siguientes categorías: rasgos vocales, movimientos del cuerpo, manipulación de objetos, características visuales, ritmo, narración y recursos poéticos.

CARACTERÍSTICAS DE LA PRESENTACIÓN

- **Rasgos vocales:** los participantes usan diversos rasgos vocales en teatro para desarrollar su actuación; en música, para poder cantar. En danza, la manipulación del aspecto vocal ayuda a coordinar la respiración con los movimientos. En las artes orales, la modificación vocal crea ciertos efectos al cambiar el tono o el timbre de las voces de los artistas.
- **Movimientos del cuerpo:** para las representaciones teatrales, los participantes hacen uso de movimientos corporales para actuar, caracterizar y organizar el espacio. En música, usan sus cuerpos para ejecutar instrumentos. En danza, la dinámica, fraseo y organización del cuerpo con el espacio incluyen el movimiento corporal. En las artes orales, el cuerpo es utilizado para hacer gestos.
- **Manipulación de objetos:** En teatro, se manipulan objetos como parte de la actuación. En música, esto ayuda a los intérpretes a ejecutar los instrumentos y modificar sus voces. En danza, se manipulan objetos para apoyar los movimientos. En las artes orales, para enfatizar recursos del discurso. En las artes visuales, se crea o presenta objetos comunicativos.
- **Características visuales:** Estas juegan un rol importante en eventos de danza y teatro. En esta categoría se incluye el vestuario, el maquillaje, marionetas o títeres y otros. En las artes visuales, el diseño y la composición incluyen características visuales.
- **Ritmo:** Los rasgos rítmicos que contribuyen a las características musicales incluyen la polirritmia, ritmo proporcional o ritmo libre. La polirritmia contrasta ritmos ejecutados simultáneamente. El ritmo proporcional se refiere a pequeñas unidades rítmicas que son proporcionales a unidades más grandes. El ritmo libre es aquel que no tiene un patrón claro. ¿Cómo afecta el ritmo externo (por ejemplo, música que ingresa mediante canales auditivos) a los movimientos en danza? ¿Qué sucede con la métrica usada en las artes orales?
- **Narración:** La narración juega un rol significativo en eventos de representación o de narración en teatro y artes orales.
- **Recursos poéticos:** Por último, los participantes pueden usar recursos poéticos en la actuación, en el contenido de una canción y en todas las artes orales.

Figura 11: Características de la presentación

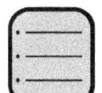
Para conocer más sobre las características de la presentación, realiza actividades como las que proponemos a continuación:

- Mientras que observas un evento (ya sea en vivo como grabado), escribe respuestas rápidas para estas preguntas: ¿Qué sonidos escuchaste? ¿Qué movimientos, colores, luces y formas viste? ¿Qué aromas percibiste? ¿Qué sensaciones experimentaste? ¿Qué sabores probaste?

- Mientras observas un evento (ya sea en vivo o grabado), escribe respuestas rápidas para estas preguntas:
    - ¿Cómo usaron sus voces los participantes? Las acciones vocales comunes incluyen el canto, la actuación, el discurso, la narración o la producción de efectos sonoros.
    - ¿Cómo usaron sus cuerpos los participantes? Las acciones corporales comunes incluyen la actuación, el gesto, la ejecución de instrumentos y la danza.
    - ¿Cómo usaron la palabra los participantes? Las actividades relacionadas con la palabra incluyen poesía, canto, actuación, discurso y narración.
    - ¿Cómo usaron los objetos? Las acciones comunes con objetos incluyen ejecución de instrumentos musicales, actuación, espectáculo, danza, oratoria, narración y presentación de objetos comunicativos.

LENTE #6: CONTENIDO

El contenido hace referencia a la temática contenida en un evento artístico. Se relaciona con lo simbólico, como palabras y movimientos en lenguas de señas o en danzas. Pueden existir múltiples significados que pueden ser implícitos o explícitos. Para comprender el contenido, debes conectarte con personas que conozcan muy bien la lengua y otros sistemas de comunicación… No te valgas sólo de tus propias suposiciones.

 **Te sugerimos las siguientes actividades para analizar el contenido de un evento:**

- Graba el evento. Pídele a un amigo que escriba palabras importantes que se hayan pronunciado y significados de movimientos simbólicos que se hayan representado.
- Pregúntales a los participantes qué quisieron comunicar durante el evento.
- Pregúntales a los participantes qué emociones o acciones quisieron producir en las demás personas a través del evento.
- Pregúntales a los participantes qué temáticas fueron humorísticas, aburridas, indignantes o emocionantes para ellos.

LENTE #7: SISTEMAS SIMBÓLICOS SUBYACENTES

Los participantes de un evento tienen un trasfondo mental y emocional en común. A lo largo de una presentación poseen reglas compartidas, expectativas comunes, estructuras gramaticales, motivaciones y experiencias colectivas para decidir qué hacer en cada momento. Estos conocimientos son los que llamaremos sistemas simbólicos subyacentes; ellos informan sobre la composición y la interpretación.

Algunos de estos sistemas son simples y fáciles de encontrar. Por ejemplo, el *gamelan* indonesio posee un patrón cíclico. El patrón es fácil de discernir si se advierte que el fuerte 'gong' del conjunto musical suena en intervalos regulares. De manera similar a este ejemplo, un vals de Strauss se divide métricamente en grupos de tres pulsos, y el primero se acentúa; por esta característica podemos ver que este material no requiere un análisis muy extenso. Como otro ejemplo podemos mencionar a la audiencia del teatro tailandés llamado *likay*, que puede rápidamente identificar a los personajes del elenco luego de escuchar una breve descripción del comportamiento de los personajes y las convenciones del vestuario.

Comprender otro tipo de sistemas subyacentes puede llegar a ser más difícil. Quizás necesites hacer un análisis más intenso en el que utilices alguna otra metodología más rigurosa, con entrevistas a los participantes o incluso con tu propia participación. Por ejemplo, las reglas gramaticales que dominan una estructura melódica o rítmica de una canción no son siempre obvias. Puede que los movimientos dignos de consideración al estudiar una danza no sean evidentes; o que los detalles sobre el uso del espacio de un artista plástico en una obra no sean obvios a simple vista.

La investigación detallada de los sistemas simbólicos subyacentes está fuera de los objetivos de este manual.

Relaciona los géneros del evento con su contexto cultural general

El arte siempre se entrelaza con otras realidades de una comunidad. Sólo podrás comprender las características musicales, teatrales, de danza, verbales o culinarias del arte local si tienes una idea completa de la comunidad.

Para ayudarte a ampliar tu percepción sobre cómo una forma artística encaja en su comunidad, puedes investigar las áreas que proponemos a continuación. Otra vez, escoge las actividades que te resulten más relevantes e interesantes.

ARTISTAS

En cualquier plan que una comunidad desarrolle para emplear su arte con objetivos para el Reino de Dios se debe comprender que la interacción con los artistas es central. Dios nos está llamando a aprender de ellos, a recibirlos y a alentarlos. Son los actores principales en las actividades de co-creación.

 Para saber más sobre los artistas de cada género, desarrolla actividades como estas:

- Trata de conocer a los artistas involucrados en el tipo de arte que tú estás estudiando. Puedes decidir hacerlo de manera informal o empezar el estudio formal junto a un artista profesional. Intenta acompañarlos en su ambiente personal y artístico; siéntate con un compositor para saber cómo crea; pide observar a un artista mientras éste enseña su arte a alguien. Comparte sobre tu vida y dones artísticos con ellos.

Haz preguntas:

- ¿Cómo se relacionan los artistas del presente género con su comunidad?
- ¿Cuál es el estatus que posee el artista en su comunidad? ¿Hay alguna diferencia en el estatus de acuerdo al tipo de arte que se produce (como los ejecutores de tambores para la realeza, los creadores de canciones para eventos importantes en la vida de una persona, los compositores de obras teatrales lujuriosas para un burdel, etc.)?
- ¿Cómo se convierte una persona en artista en este género? ¿Se basa en patrones sociales (castas de artistas), se logra con esfuerzo y habilidad personales, o como una combinación de ambos?

CREATIVIDAD

Todas las comunidades producen cosas que nunca antes existieron. Pero cada comunidad, y cada género artístico, piensa y crea nuevas cosas de distintas maneras.

Para saber más sobre la relación de un género con la creatividad, realiza actividades como las siguientes:

- Observa, participa y encarga nuevos trabajos. Cuando participas en un proceso creativo, puedes descubrir cómo se crean nuevas obras y quién las crea.

Pregunta:

- Las nuevas obras ¿se crean de forma deliberada y consciente o se las recibe mediante visiones?
- ¿Las crean individuos o grupos?
- ¿Qué técnicas se utilizan para crear (improvisación, creación comunitaria, artesanía individual)?
- ¿La comunidad valora más el trabajo que se aleja de la tradición o el que realza la tradición?

IDIOMA

El idioma o idiomas y tipos de lenguajes que se usan en un evento artístico pueden revelar mucho sobre la relación con el contexto cultural general. La letra de una canción en idioma regional o nacional respalda la identidad local. Un tapiz tejido con el alfabeto de una minoría idiomática podría realzar la identidad de dicha comunidad minoritaria. Hay palabras que son arcaicas o especiales y que no se usan en discursos cotidianos, pero que son comunes en la comunicación artística; hacer uso de ellas puede reflejar un sentido de misterio o de temor que se asocia con el género. El género también podría preservarse en su forma antigua por otras razones.

 Para saber más del uso de un idioma en un género, desarrolla actividades como estas:

- Observa o escucha alguna grabación de un evento o mira algún objeto junto a alguien que conoce mucho sobre ello. Toma lista de cada componente que contiene la lengua y escribe respuestas para preguntas como estas:
    o ¿Cuál es el idioma o dialecto en el que está compuesto? ¿Hay palabras en otro idioma?
    o ¿Puedes imaginar a alguien diciendo esto en habla normal, o es un tipo de lengua especial?

TRANSMISIÓN Y CAMBIO

Un tema importante que hemos tratado a lo largo del manual es que todo cambia a lo largo del tiempo. Las personas transmiten sus conocimientos y habilidades a otros, pero nunca de una manera perfecta. La transmisión puede darse por entrenamiento formal, observación informal, mentoreo o exploración personal.

 Para conocer detalles sobre cómo un género ha cambiado a lo largo de la historia y cómo está cambiando ahora, realiza actividades como estas:

- Pregunta a los participantes del evento que estás examinando que compartan contigo cómo han aprendido a hacer lo que representaron. Pregúntales si tú puedes participar u observar dicho proceso alguna vez. Cuando lo hagas, presta atención a las interacciones entre las personas, cómo se trata a los más expertos y qué objetos son parte del proceso.
- Si este evento es parte de una tradición de años, pregunta a una persona mayor cómo y cuándo se aprendió a realizarlo. Luego pregunta si se sigue aprendiendo del mismo modo que antes, y si no es así, qué puede haber causado dicho cambio.

DINAMISMO CULTURAL

Las comunidades sanas mantienen una mezcla de continuidad y cambio. Los géneros artísticos aportan a la vitalidad de la comunidad a través de interacciones entre los elementos estables y los maleables del género. Los *elementos estables* son aquellos que no cambian y ocurren de manera regular en el tiempo y el lugar; son componentes organizados con rigidez. Los *elementos maleables* de un género son los que cambian con el tiempo; son menos predecibles (quizás producidos por improvisación) y organizados sin mucha rigidez. El dinamismo cultural se da cuando los artistas usan de forma magistral los elementos más dúctiles de su propio arte para fortalecer a los más estables.

 **Para averiguar cómo es un género dinámico y cómo se produce dicho dinamismo, pregunta a los participantes de un evento cosas como estas:**

- Para identificar *elementos artísticos estables*: ¿Qué formas artísticas o aspectos de tales formas ocurren más regularmente con la menor cantidad de cambios y una organización más rígida?
- Para identificar *elementos artísticos maleables*: ¿Qué formas artísticas o aspectos de tales formas ocurren de modo menos predecible y con menor organización?
- Para identificar interacciones entre *elementos estables y maleables*: ¿Cómo interactúan estos aspectos estables y maleables entre sí?

IDENTIDAD Y PODER

Las comunidades pueden usar las representaciones artísticas para afirmar u oponerse a la autoridad o estatus social. A veces, ciertas formas particulares de arte permiten que las personas con menor estatus puedan comunicar abiertamente sus problemas con otros. La falta de comprensión de cómo la gente asume las relaciones de poder puede llevar a controversias indeseadas o innecesarias.

 Para indagar cómo la identidad y el poder se reflejan en un evento, haz actividades como las siguientes:

- Transcribe cualquier texto asociado al evento que estás estudiando, como letras de canciones o el contenido de una narración, y examínalos para descubrir mensajes de conocimiento popular que afirmen o se opongan a una persona, institución u otra entidad. Una conversación discreta con algún amigo puede ayudarte a conocer si hay algún mensaje encubierto.
- Observa el evento. ¿Se comunicaron mensajes que desafiaron a la autoridad y que no hayas observado que suceda en otro ámbito? Las prácticas artísticas a veces proveen un lugar seguro para el reclamo o la resolución de conflictos.
- Pregunta a los participantes de un evento: ¿Cómo afirman o se oponen a la autoridad las expresiones artísticas? ¿Quién participa en el arte y por qué? ¿Existen mensajes encubiertos? Los mensajes comunicados abiertamente, ¿afirman o se oponen a personas o instituciones?

ESTÉTICA Y EVALUACIÓN

Los humanos juzgan rápidamente el arte de otros a través de sus propios estándares artísticos. Debemos esforzarnos y ayudar a otros a no hacerlo.

Tú puedes conocer cómo las personas de la comunidad con la que trabajas aceptan la corrección y la evaluación en general.

Para saber sobre estética y evaluación, realiza actividades como estas:

- Pregunta a un amigo o amiga cómo, si se permite, corregiría a alguien mayor o menor de edad. ¿Cómo corregiría a alguien que ocupa un rol de mayor o menor rango? Los miembros de la comunidad podrían valorar la corrección directa en algunos contextos; y en otros, podrían requerir la corrección indirecta.
- Pregúntale al mismo amigo cómo las mismas personas descriptas lo corregirían a él (o ella).

Aprende sobre la evaluación de una obra artística haciendo lo siguiente:

o Pregunta a las personas qué hace que un componente de forma artística de la obra sea bueno o malo.

o Observa a los expertos mientras enseñan la forma a alguien, quizás a ti mismo. Escribe qué sugerencias da el experto; escribe los errores que corrige. Es posible que entiendas cuál es la forma ideal de la obra por escuchar los consejos y observar los errores cometidos.

o Observa los puntos que se destacan. Presta atención a las cosas sobre las cuales las personas hablan con estima. Observa los puntos en que las personas necesitan una pericia y tiempo especiales para crear. Las creaciones que se ponen en relevancia, que se respetan y se consideran especiales por lo general poseen las características ideales. Pregunta a las personas qué las hace buenas o agradables.

TIEMPO

En un evento, el tiempo se piensa y experimenta de maneras distintas. Los participantes pueden llegar a sentir que el tiempo pasa rápido, o muy lento, o de maneras complejas e impredecibles. Además, la estructura, el flujo y el tiempo en la representación pueden relacionarse con patrones temporales propios de la cultura en general. A la vez, en muchas comunidades, ciertos eventos ocurren en relación con los ciclos del calendario al cual responden (agricultura, religioso, etc.).

Para saber sobre el tiempo en un evento, desarrolla actividades como las siguientes:

- Al finalizar un evento, haz algunas de estas preguntas a los participantes: ¿Cómo sabías cuándo hacer cada actividad? ¿Cómo experimentaste el tiempo? ¿Sentiste que las cosas sucedían una detrás de la otra, en ciclos repetitivos, o que fluían libremente? ¿Se sentía como una experiencia sagrada? ¿En qué otros ámbitos experimentas al tiempo de esta manera?

- Pídele a los expertos de un género que describan el paso del tiempo en una representación. ¿Hacen una conexión explícita entre esta descripción y los ciclos del calendario más amplios?

EMOCIONES

La capacidad de expresar y provocar emociones es una de las características más celebradas de la comunicación artística. El arte tiene la capacidad de conectar un sonido, la vista, el movimiento, esencias o gustos directamente con recuerdos cargados de emociones. También proveen espacios aceptados por la sociedad para expresar sentimientos intensos, como el lamento o el llanto grupal en duelos.

 Para saber más sobre las emociones, realiza actividades como estas:

- Observa la filmación de un evento y registra qué emociones parecen expresar los participantes y la audiencia. Pregúntale a alguien que haya estado en el evento si están de acuerdo con tus interpretaciones.

- Observa un video de un evento artístico junto a personas que lo hayan presenciado. Observa a los que miran el video y cuándo manifiestan emociones (gozo, sorpresa, tristeza, enojo, desdén, etc.), detén la grabación y pregunta por qué están reaccionando de ese modo. Haz una lista de las palabras que usan para describir sus emociones y qué estaba sucediendo en la grabación cuando reaccionaron así.

TEMAS DE DISCUSIÓN

Las canciones, proverbios, actuaciones y otras artes poseen contenido verbal. El mismo proviene de las mentes, experiencias e historias personales de los participantes y las comunidades. La comunicación artística descubre cierta información que de otro modo podría ser inaccesible, y los artistas pueden expresar ideas sobre temáticas que generalmente no se expresan de otra manera.

Otras veces, la comunicación artística revela los valores de la comunidad y permite que permanezcan en la memoria. Los proverbios son un gran ejemplo de esto. Las referencias textuales en un escrito pueden ser metafóricas o enigmáticas. Puede que tu primera impresión al leerlos cambie con una segunda lectura.

 Para conocer temas de discusión que no son explícitos, puedes desarrollar estas actividades:

- Crea una lista de los elementos de un evento que tengan contenido verbal, como canciones, proverbios o cuentos, y pídele a algún experto que describa los mensajes que hay en cada uno. Pregúntale: ¿De qué se trata? ¿Qué intentan comunicar? ¿Tiene una lección? Si es así, ¿sobre qué es la lección o enseñanza?

- Mientras miras una grabación o lees la transcripción de un evento, pídele a un grupo pequeño de participantes que indique todas las referencias de personas, objetos, lugares, eventos o seres espirituales. Pídeles que describan cada uno de ellos; puedes grabar o escribir sus respuestas.

LOS VALORES DE LA COMUNIDAD

La comunicación artística a menudo ofrece a los miembros de una comunidad un espacio para desafiar a sus autoridades. El modo en que los artistas organizan y llevan a cabo la comunicación puede revelar aspectos importantes de los valores de la comunidad y su estructura social. Reflexiona sobre la organización física y social de los participantes para conocer mejor los valores comunitarios más amplios.

Para explorar las relaciones entre un evento artístico y los valores comunitarios fuera de él, realiza actividades como las siguientes:

- Participa de un evento y luego haz estas preguntas o similares: ¿Cómo interactúan los participantes con los representantes de autoridad dentro del evento? ¿Cómo difiere esta misma interacción con la que se da en otros contextos?

- La organización física de los participantes, ¿demuestra una estructura jerarquizada, como sucede en las orquestas sinfónicas con la primera, segunda o tercer silla? o ¿todos se organizan al mismo nivel? La respuesta a estas preguntas podría reflejar valores de una estructura social jerarquizada o una igualitaria en cualquier otra parte de la comunidad.

- ¿De qué manera (si se hace) se estimula a los participantes a expresarse individualmente? ¿Qué signos de libertad o rigidez se observan? Las respuestas a estas preguntas podrían revelar valores de conformidad o inconformidad en cualquier otra parte de la comunidad.

INVERSIÓN COMUNITARIA

La cantidad de energía que los miembros de una comunidad invierten en distintos tipos de actividades artísticas varía enormemente. Por ejemplo, un abuelo que comparte un proverbio con su nieta involucra sólo a dos personas; no requiere preparación, ni dinero y dura sólo unos segundos. Pero un funeral para un rey en Camerún, por otro lado, puede durar un mes, involucrar a cientos de personas y requerir un monto significativo de inversión económica para pagar la comida, el transporte y regalos.

Para conocer acerca de la inversión que hace una comunidad en un evento, observa, pregunta, y escribe información sobre lo siguiente:

- Duración de la representación
- Disposición horaria: de alto o bajo nivel de prioridad

- Tiempo de preparación
- Costo de la representación
- Ubicación de la representación artística: de alto o bajo nivel
- Espacio de la representación: estatus, tamaño, costo, exclusividad
- Participantes: número, estatus, exclusividad, nivel de destreza o profesionalismo
- Complejidad: cantidad de características relevantes

Explora el arte de una iglesia

Cuando ya existe una iglesia en la comunidad, queremos ayudarla a fin de que crezca el Reino de Dios tanto dentro de la iglesia como fuera de ella. Por eso, hemos desarrollado herramientas específicas para las comunidades cristianas. A las iglesias las tratamos como comunidades especiales por al menos dos razones. En primer lugar, la Iglesia es el cuerpo de Cristo (Col. 1:24) por lo que nos interesa profundamente su manera de vivir. En segundo lugar, aunque existen iglesias en sitios determinados, también se conectan con otras en *diferentes* lugares. Estas comunidades más amplias podrían incluir denominaciones regionales, organizaciones misioneras extranjeras, órdenes católicas u ortodoxos, etcétera. Por lo tanto, para ayudar a las iglesias a servirle a Dios plenamente, tenemos que animarlas a examinar todas sus artes, no importa de dónde provienen. Para prepararte a ayudar a una iglesia, se incluyen dos actividades. La primera–Identifica y evalúa el arte en una iglesia–consta de tres tareas secundarias. La otra–Compara los instrumentos musicales en el Antiguo Testamento–demuestra la manera en que los mismos instrumentos pueden utilizarse para varios propósitos.

Identifica y evalúa el arte usado en una iglesia

1. Descubre el arte de una iglesia

Nuestra forma de identificar la vida artística de una iglesia es semejante a la utilizada para la comunidad en general en "Echa un primer vistazo al arte de la comunidad" (**Paso 1**). Escribe todos tus descubrimientos en el Perfil Artístico de la Comunidad (PAC). Reúne a los líderes y otros participantes de varios aspectos de la vida de la iglesia y guíales a proveer listas de información como las que se encuentran a continuación:

Lista de los contextos en los que las personas actúan como parte de esta iglesia

Estos contextos incluirán–pero no están limitados a–los siguientes: estudios bíblicos; células en casa; escuela dominical; educación de adultos; culto de adoración; mentoreo espiritual; la misa; escuela bíblica vacacional; ministerios infantiles; dispensa de alimentos; visitación a los enfermos; ritos como bautizos, bodas y funerales; servicio de sanación; celebración de las fiestas; excursiones sociales; retiros y campamentos; actividades de alcance; festivales; conciertos; vigilias de oración; devocionales individuales o familiares. *Usa la primera columna de la tabla a continuación para empezar:*

Eventos y actividades de la Iglesia	¿Cuáles (si lo hay) géneros artísticos se usan?

Lista de artes usadas en cada uno de estos contextos

Para cada contexto arriba mencionado, apunta si se usa alguna forma de comunicación artística – los géneros – y si es así, apunta qué forma(s) se usa(n). Algunas artes comunes en las comunidades cristianas son el canto, la predicación, el teatro, la narración, la escultura, la talla, el diseño de espacio, el incienso, la danza, hacer pancartas, el dibujo, la lectura o recitaciones poéticas. Tenga en cuenta también que los rituales son comunes en las comunidades cristianas. Pueden ser eventos artísticos en sí mismos (por ejemplo, como formas de teatro o boato) y muchas veces incluyen elementos artísticos. *Usa la segunda columna de la tabla anterior para empezar:*

Lista de todas las personas que tienen dones artísticos significativos, ya sea que los utilizan en la iglesia o no

Para cada persona en la comunidad cristiana con formación y dones artísticos, apunte el(los) tipo (s) de arte en que tiene habilidades y sus competencias particulares (por ejemplo, componer, interpretar, dibujar). El liderazgo de la iglesia puede no ser consciente de los dones que tienen sus miembros. En este caso, es posible que desees ayudarles a cumplir una investigación más a fondo a través de un sencillo cuestionario o investigación oral. *Usa la tabla a continuación para empezar.*

Personas con formación y dones artísticos	¿Cuál(es) género(s)?

2. Compara el uso del arte en una comunidad cristiana con el de las comunidades a su alrededor

Los siguientes pasos ayudarán a una iglesia a decidir cómo conectarse mejor con la gente de su contexto geográfico. En particular, revisa "Vida de iglesia" y "Vida espiritual personal" en el **Paso 2**. Recuerda que esto es parte de un proceso más amplio en el que las iglesias evalúan críticamente diferentes géneros artísticos para su uso potencial. *Usa la tabla a continuación para empezar.*

1. Consulta la lista realizada anteriormente de todos los tipos de artes que utiliza la comunidad cristiana en todo lo que hace.
2. Consulta la lista que crearon en el Paso 1 de los géneros artísticos utilizados en la comunidad alrededor de la iglesia.
3. Marca cada género de la comunicación artística que existe tanto en la iglesia como en la comunidad a su alrededor.
4. Para cada género que existe en ambos, discutan y describan las formas en las que su presentación y su propósito difieren en los diferentes contextos.
5. Haga una lista de todos los géneros de la comunidad a su alrededor que no se utilizan en la iglesia. Discutan los motivos por los que no se están utilizando y exploren el potencial para su uso en el futuro.

Géneros artísticos utilizados en la Iglesia	¿Utilizados fuera de la Iglesia? (sí/no)

3. Evalúa cómo el arte de una comunidad cristiana cumple actualmente con sus propósitos

En el **Paso 2**, destacamos algunas razones por las que una comunidad cristiana pudiera actuar para extender el Reino de Dios: para profundizar la adoración congregacional, mejorar la formación espiritual, extender su testimonio, etcétera. Un breve estudio de cómo las personas usaron las artes en la Biblia revela una lista más larga: celebrar una victoria (Ex 15), acompañar las procesiones (2 Sam 6), la adoración (2 Cr 5), los festivales (2 Cr 35:15), el arrepentimiento (Sal 51), la danza (1 Cr 15), los funerales (Mat 9:23), fortalecer la Iglesia (1 Co 14:26), expresar gozo (Stgo 5:13), expresar tristeza (Sal 6), la guerra espiritual (2 Cr 20:21-23), la sanación (1 Sam 16). Es preciso recordar que no todos los usos de las artes que se mencionan en la Escritura sirven como un ejemplo positivo—Aarón elaboró un becerro de oro como un ídolo (Ex 32) pero no se le debe imitar.

Además, la Biblia señala aún más propósitos de la iglesia, para incluir: la confesión, el testimonio, la oración, la enseñanza, la acción de gracias, el discipulado, la lamentación, el evangelismo, el estímulo, la exhortación, la renovación mental, la reconciliación, el perdón, la corrección, la conmemoración, la construcción de la solidaridad, la creación de equivalencias contextualizadas y el testimonio. Aunque no podemos crear una lista exhaustiva de todos los efectos potenciales, es esencial que cada iglesia identifique las razones por que ellos hacen lo que hacen, para poder evaluar si el arte que utilizan les ayuda a cumplir con sus propósitos.

Para revelar objetivos bíblicos adicionales que debiera adoptar la comunidad, repite los cinco pasos del siguiente proceso. Usa *las tablas a continuación para empezar*:

1. Consulta la lista de los contextos en los que las personas actúan como parte de su comunidad cristiana.
2. Escoge un contexto en el que existe la comunicación artística y describe sus propósitos. Consulta los párrafos anteriores para ideas.
3. Describe las formas en que el (los) medio(s) de comunicación artística en el contexto apoya(n) o desmerece(n) sus propósitos. Discutan los problemas y sugieran algunos cambios que podría hacer la Iglesia.
4. Utiliza lo que descubrieron para despertar actividades en el Paso 5.
5. Repite los pasos en otros eventos y actividades de la Iglesia.

Un evento en el que se usa el arte en la Iglesia: _____

Propósito(s) del evento	Arte usado en el evento

¿Apoyan o desmerecen los propósitos del evento las artes utilizadas?

Compara los instrumentos musicales en el Antiguo Testamento

A veces en las iglesias se desarrollan asociaciones negativas con determinados objetos (como los instrumentos) o géneros artísticos. La tabla a continuación demuestra que los objetos de por sí no tienen ningún valor moral inherente: es el corazón de la persona que utiliza el objeto que determina si Dios está contento con él o no. Ayuda a un grupo descubrir esta verdad por ellos mismos empezando con la tabla vacía y utilizando los pasos siguientes:

1. Escribe las referencias bíblicas en la parte superior de la pizarra.
2. Pide que alguien lea cada pasaje bíblico en voz alta y luego pide al grupo nombrar todos los instrumentos mencionados. Escribe los nombres de los instrumentos en cada columna debajo de la referencia donde fueron mencionados.

3. Pregunta al grupo cuáles instrumentos aparecen en más de una columna y enciérralos en un círculo.
4. Pide al grupo describir el propósito de cada evento y escribe este propósito debajo de la referencia a la parte superior de la columna.
5. Pregunta al grupo si pueden hallar alguna relación entre determinados instrumentos y los propósitos por los que se usaron.
6. Pregúntales cuáles principios pueden derivar de este ejercicio. Sigan discutiendo cómo aplicar estos principios al uso de las artes en su Iglesia.

Daniel 3:5 la corte del rey (adoración falsa)	Isaías 5:12 una borrachera (secular)	Salmo 150 alabanzas a Dios (adoración verdadera)	2 Sam 6:5; 1 Cr 15:16-29 procesión religiosa (adoración verdadera)
flauta (embocadura final)		flauta (embocadura final)	
trompeta de cuerno		trompeta shofar	trompeta shofar trompeta de plata
flauta de caña	flauta de caña		
lira	lira	lira	lira
lira grande	lira grande	lira grande	lira grande
arpa de arco toda clase de instrumentos		instrumentos de cuerda y de viento	
	tambor de marco	tambor de marco	tambor de marco
		címbalos	címbalos
		címbalos fuertes	
			sistro (sonajero)
		danza	danza

PASO 5

DESPIERTA LA CREATIVIDAD

Para crear nuevas obras de arte se realizan ciertas actividades que despiertan la creatividad. En distintos lugares, los actos de creatividad requerirán una cantidad diferente de inversión por parte de la comunidad. Por ejemplo, podría suceder que en cierta reunión alguien sugiera que un amigo cree una pintura en respuesta a un discurso. Su simple sugerencia puede despertar la creación de una nueva obra y requerir una muy baja inversión por parte de la comunidad (por haber surgido de una simple sugerencia). La planificación de un festival es un acto de creatividad mucho más complejo; puede incluir a varios artistas y oficiales del gobierno, y por ello, una inversión mucho más alta.

Una actividad que despierta creatividad puede llevar a una recompensa o premio inmediato, o también proveer una estructura para que se desencadenen actos creativos en un futuro. Por ejemplo, ciertos artistas pueden aprender a construir, afinar y tocar un instrumento tradicional a través de una actividad que despierta creatividad, y permitir que este aprendizaje asiente las bases para la composición de canciones en el futuro. En las actividades que despiertan creatividad podrían aplicarse todos o algunos de los siete pasos de la Creación de Arte Local en Conjunto (CALC), o enfocarse en sólo uno. Algunos talleres de enseñanza destinan tiempo a identificar objetivos del Reino (Paso 2), realizar un análisis inicial de un género (Paso 4) y crear y mejorar obras (Paso 5). Otras actividades pueden enfocarse solamente en la creación. En cualquier caso, la comunidad precisa ver actividades que transmitan creatividad a lo largo de todo el proceso de co-creación.

Cómo organizar una actividad que transmita creatividad

A. Prepárate para utilizar métodos conocidos de composición.

Cada comunidad (y en especial cada individuo creativo) posee patrones para la creación de arte. Dichos patrones son lo que intentaremos utilizar en la mayor medida posible. Si volvemos al ejemplo de la comunidad *ámono* (de la República Democrática del Congo), alguien pidió a un músico que compusiera una nueva pieza de *gbáguru* basada en una de las parábolas de Jesús. El músico hizo preguntas, pensó un momento y comenzó a ejecutar una frase repetitiva en su *kundí*. Luego dijo que necesitaba estar a solas para componer la canción. Otros compositores trabajan en pares o en grupo. Algunos prefieren usar lápiz y papel, otros reciben inspiración por sueños y visiones. Algunos realizan el trabajo por encargo y otros hacen uso de la improvisación espontánea. Los compositores pueden usar métodos variados para crear obras nuevas. La actividad que tú y la comunidad diseñen seguramente incluirá métodos tanto nuevos como ya conocidos para la invención.

 Describe cómo se generan las nuevas obras del género que has escogido. ¿Cómo se crean?

B. Presta atención a los compositores clave.

En el término 'compositor' incluimos a cualquier individuo que crea algo: tanto pintores, tejedores, dramaturgos como cualquiera de sus pares en las demás expresiones artísticas. No podemos pasar por alto al compositor clave por sus habilidades artísticas, destreza e influencia en otros. Busca a la persona (o personas) que cree la mejor obra. El compositor clave también debe tener credenciales sociales para ayudar al proyecto a difundirse en la comunidad.

En algunas comunidades, muchas de las personas calificadas están disponibles, pero en otros casos, las opciones son escasas. A veces, por ejemplo: la elección de ciertos géneros determinará automáticamente el sexo del artista. Las personas locales podrán ayudarte a crear una lista de los potenciales compositores experimentados.

En algunas culturas, las comunidades tienen un rol establecido para los compositores que crean canciones. En África Occidental, especialmente en áreas influenciadas por el islam, pueden encontrarse versiones locales de cantores de alabanzas, llamados *griot*. En ejemplos de Nigeria, Benín y Ghana, un cantor de alabanzas accedió a trabajar con un texto bíblico para componer y grabar una canción de la Escritura[9]. Investiga la cultura musical del área donde estás y ve si ya existe una forma establecida de composición para patrocinadores. Dichos compositores profesionales son empleados para trabajar con

---

[9] Klaus Wedekind, "The Praise Singers," *Bible Translator* 26, no. 2 (1975): 245–47.(los cantores de Alabanza)

paga. En algunos países asiáticos, incluyendo Nepal y las Filipinas, pueden encontrarse compositores que ofrecen sus servicios para que se los contrate.

Si trabajas en una comunidad cristiana, es posible que sea difícil encontrar a alguien que sea cristiano y compositor experimentado a la vez. Para ciertos géneros artísticos, aun podría ser casi imposible. En estos casos, considera comisionar el trabajo de creación artística a un compositor no cristiano. Puedes hacerte las siguientes preguntas:

- ¿Al compositor le interesa el trabajo?
- ¿Lo respetan los miembros de la comunidad?
- Si su nombre se hace conocido, ¿ayudará o entorpecerá la aceptación del trabajo?
- ¿Qué piensan los cristianos locales sobre la idea?

Trata de averiguar si ya existe una forma establecida de composición para patrocinadores. Recuerda que dichos compositores profesionales están acostumbrados a trabajar con alguna compensación.

 Comparte sobre la clase de compositor que te gustaría encontrar, cuán disponible crees que estaría, personas clave que podrían ocupar ese lugar y cuáles crees que son las mejores maneras de interactuar con ellos.

C. Identifica oportunidades para maximizar y obstáculos para superar.

Identifica barreras y oportunidades de la comunidad asociadas con la creatividad en el género. Aquí presentamos algunos ejemplos comunes de cada una:

Oportunidades
- Artistas dotados con mucho interés en usar sus talentos en nuevos contextos.
- Interés del gobierno en promocionar el arte autóctono.
- Reconocimiento creciente del valor del arte local y temor por perderlo con el paso del tiempo.
- Un promotor / defensor respetado de las artes autóctonas y la comunidad que aboga por la innovación.

Obstáculos
- Actitudes negativas hacia el uso del idioma local y el arte autóctono en algunas esferas.
- Falta de conocimiento y habilidades en relación a algún determinado género.
- Apatía al cambio en la comunidad
- Debilitamiento del interés en las formas culturales locales por consecuencia de la urbanización o globalización.

 **Luego de conversar sobre estos ejemplos con los miembros de la comunidad, pregunta:**

- ¿Qué podría ayudarnos a despertar el desarrollo de nuevos trabajos en este género? ¿Cómo podríamos utilizar estas oportunidades en el diseño de una actividad para despertar creatividad?
- ¿Qué podría impedirnos alcanzar este desarrollo? ¿Cómo podríamos sobrepasar estas barreras cuando diseñemos una actividad para despertar la creatividad?

D. Organiza una actividad. Elige algunas de las clases de actividades a continuación, de acuerdo con la necesidad.

Existen muchas clases de actividades que despiertan la creatividad.

Comisionar

Pídele a un artista o grupo de artistas que cree una nueva instancia de un género artístico determinado para un propósito en común. Por lo general, comisionar un trabajo consiste en los siguientes pasos:

a) Junto con la comunidad, identifica:

- *el evento para el cual la obra será creada,*
- *los propósitos de la obra (por ejemplo: alfabetización, alabanza congregacional, o desarrollo comunitario),*
- *el género de la creación (por ejemplo, haiku, olonkho, o un musical de Broadway),*
- *el contenido, y*
- *el/los creador/es*

b) Luego:

- *trabaja con los creadores en el proceso creativo. Incluye evaluación y revisión del trabajo;*
- *prepara al resto de la comunidad y a los organizadores del evento para una presentación pública;*
- *explora otras formas de distribución, incluso grabaciones, y*
- *explora otras formas en que este trabajo, y otros como éste, puedan incluirse dentro de otras esferas de la vida de la comunidad.*

Averigua qué tipo de compensación es apropiada para el artista, género y evento. La compensación puede ser en dinero, servicios, productos, capital social o el beneficio de la amistad. Desarrolla respeto y confianza con los artistas.

A lo largo del proceso de composición, piensa en los roles del que comisiona la nueva obra. ¿Quién decidirá qué es bueno y qué precisa cambios? ¿Cuánta libertad tendrá el artista para innovar? En tanto sea posible, los que comisionan el trabajo y los artistas deben estar de acuerdo con sus roles antes de que comience el proceso de composición.

También puedes comisionarte a ti mismo la creación de una nueva obra, pero hazlo sólo en relación con la comunidad siempre.

c) Talleres

Los talleres son eventos cortos (por lo general, de una o dos semanas) que reúnen personas para lograr un progreso conjunto en relación a alguna tarea en particular. Cuando los participantes interactúan entre sí con orientación y concentración, se puede lograr y producir mucho.

Que una organización tome el control de la logística de un taller puede ser útil. También es importante determinar los objetivos; uno de ellos podría ser la composición de canciones para la adoración congregacional, o la creación y grabación de obras teatrales para difundirlas por radio u otros medios. Un ejemplo de un boceto de taller se encuentra en la versión completa del *Manual,* paso 4D. Ideas para talleres se presentan en el DVD del *Handbook* en el apartado *"Ideas for Arts Workshop Modules"*, escrito por Todd y Mary Beth Saurman.

d) Eventos de presentación

Tú podrías ayudar a una comunidad a planificar o a llevar adelante un festival o competición que destaque la creatividad en los géneros artísticos autóctonos. Los festivales son eventos diseñados para exhibir la identidad cultural y la producción creativa de una comunidad. Ciertos grupos étnicos o religiosos que ya cuentan con encuentros de celebración podrían estar más abiertos que otros a incluir obras de arte nuevas producidas por cristianos. También puede comenzarse una nueva tradición festiva. Los cristianos pueden alentar nuevas tradiciones mediante la celebración de los dones artísticos recibidos de Dios. La inclusión de premios para las mejores obras de arte anima y trae entusiasmo para continuar; del mismo modo, los festivales generan oportunidades grandiosas para la cooperación entre cristianos, o grupos culturales, religiosos y otros, dentro de la comunidad.

Los eventos de presentación, generalmente, poseen cinco etapas:

a. **Imaginación y planificación**

¿Cómo iremos desde aquí hasta allá? Cuanto más grande es el evento, más planificación requiere. Algunas comunidades se distinguen en la planificación detallada del evento y los objetivos, y otras, por unir esfuerzos en celebraciones fabulosas a partir de la dinámica social que poseen. Tú puedes contribuir con ideas, pero no impongas un sistema.

b. **Promoción y red de contactos**

¿Cómo podríamos asegurarnos de la participación de artistas claves y un público numeroso? Algunas veces los festivales incorporan concursos o premios para motivar a los artistas. Asegúrate de comunicar claramente los tipos de arte que serán premiados y cómo serán evaluados.

c. **Composición y preparación para la presentación**

¿Tendrán los artistas tiempo y recursos para crear y practicar?

d. **Funcionamiento del evento en sí mismo**

e. **Evaluación y planificación**

Luego del evento, dedica tiempo junto a personas clave para evaluar con gentileza cómo se llevó a cabo. Presta atención a cómo se relacionó con los siete pasos CALC. Luego compartan sobre la posibilidad de realizar eventos futuros.

e) Mentoreo

Algunas veces, a causa de tu edad, educación, o posición social, puedes entrar en una relación de largo plazo que beneficie a un artista o un grupo de artistas. Esta relación puede madurar a lo largo del tiempo gracias a la existencia de entendimiento mutuo y objetivos en común. Nos referimos a la relación mentor-mentoreado. Los primeros pueden influenciar a los segundos para un crecimiento profesional, espiritual y de carácter. Una relación de este tipo puede abrir puertas a nuevas oportunidades, o incluso permitir el intercambio de experiencias de vida de cada uno. El mentoreo también incluye un aprendizaje mutuo. Si la relación traspasa culturas, el aprendiz podrá transmitir a sus pares las habilidades y puntos de vista del mentor. A lo largo del tiempo, el lazo entre ambos crece en profundidad y satisfacción.

Aprendizaje estructurado

El aprendizaje posee una estructura consistente con las formas culturales del lugar en donde se lleva a cabo. En un proceso de aprendizaje artístico, los expertos son los que transfieren sus habilidades y conocimientos a otros miembros de su comunidad. Se necesita un aprendizaje estructurado cuando existen expertos en un género, cuando se están perdiendo los contextos de transferencia de competencias en un determinado género y cuando en una comunidad se valora mucho un género.

Una comunidad podría instituir un programa de enseñanza estructurado de este modo:

a. Escoge el género a enseñar.
b. Elige un maestro de dicho género.
c. Escoge a los aprendices.
d. Diseña el contexto de enseñanza teniendo en cuenta que se debe:
   1. Recurrir a formas de educación conocidas;
   2. Incluir un lugar, un tiempo y una frecuencia a los que tanto el maestro como los aprendices puedan comprometerse;
   3. Cubrir el conocimiento, las habilidades y las actitudes que sean claves para el género;
   4. Tener la longitud suficiente para que los aprendices puedan alcanzar un nivel de competencia.
e. Implementa el programa.
f. Durante el programa, explora cómo los participantes pueden continuar desarrollando sus destrezas en diversos contextos.

Publicaciones

Casi cualquier actividad tiene mayor éxito a largo plazo si logra convertir las ideas y la producción artística en grabaciones. Cualquiera de los medios, como el periódico, las grabaciones y la información electrónica de todo tipo permiten a las ideas y a lo artesanal tener una vida útil más extensa que sólo un momento. Las publicaciones llegan a personas más allá de un solo lugar; tal es el caso de los periódicos y las páginas de Internet que permiten difundir información e inspirar la discusión de un rango amplio de temas. Los productos de audio o video proveen contenido para realizar programas de capacitación y entretenimiento. Las publicaciones pasan a ser depósitos de historia y biografías cuando las personas comienzan a olvidar qué había antes que ellos.

Los aspectos generales para planificar una publicación incluyen lo siguiente:

a. Definir la audiencia.
b. Identificar a los editores, instructores y donantes.
c. Pedir, seleccionar y preparar los materiales a publicar.
d. Determinar un esquema para distribuir lo publicado.
e. Determinar un programa para la publicación que se está preparando.
f. Ejecutar la publicación y distribución.
g. Desarrollar y utilizar herramientas para recibir devoluciones (por ejemplo, comentarios electrónicos, cartas al editor, encuestas, etc.) a fin de conocer el grado de efectividad y poder planificar proyectos futuros.

Club de creadores

Muchas veces, los artistas forman asociaciones, clubes y grupos de compañerismo para animarse mutuamente, o para analizar los trabajos de unos y otros, compartir ideas y recursos, representarlos y colaborar en la creación de nuevas obras. Se encuentran regularmente en determinados lugares y horarios; todos tienen expectativas acerca de los demás, aunque sean modestas. Por lo general, los une un mismo estilo o expresión artística.

Cada grupo será distinto, pero deberías considerar las siguientes ideas al comenzar un grupo:

- Escoge un lugar de encuentros y un horario fijo que beneficie a todos los miembros y a la vez permita producir las actividades artísticas con libertad.

- Habla acerca de los objetivos para el grupo y las expectativas que tienen sus miembros. Seguramente variarán entre objetivos informales o desestructurados a otros muy marcados y explícitos, dependiendo en la intencionalidad del grupo.

- Si el grupo forma parte de una iglesia o desea producir cosas para comunidades cristianas, integra formación espiritual a las actividades. Los artistas actúan como Dios al usar su creatividad (con la excepción de que Dios crea de la nada). A veces, sin embargo, los artistas se involucran en usos no sanos del poder que recibieron. La oración, el estudio de la Biblia, la rendición de cuentas y otras disciplinas como estas proveen un ancla espiritual para todas las representaciones y ramas artísticas.

 Intercambia ideas y escoge el tipo de actividad que podría funcionar mejor en este proceso CALC.

Describe la actividad que usarás

Utiliza el cuadro de más abajo como una guía para describir cada elemento de la actividad para despertar la creatividad que la comunidad ha elegido para llevar adelante.

ELEMENTOS A REGISTRAR CUANDO DISEÑAS UNA ACTIVIDAD DE CREACIÓN ARTÍSTICA

- **Título y resumen**: un breve resumen de la actividad y sus objetivos principales. Incluye su tipo: encargo, taller, evento de muestra, mentoreo, entrenamiento, publicación, club de creadores u otro. Esta descripción no debería ser más extensa que un párrafo.
- **Participantes**: Todas las clases de personas que se necesitan para que la actividad sea exitosa. Esto puede incluir a los creadores y personas clave de distintas ramas. Utiliza sus nombres reales, si es posible.
- **Tipo de cosas que necesitarás del Perfil Artístico de la Comunidad (PAC)**: La información básica necesaria para que una actividad funcione; nota la información del PAC que ya existe y cuál aún precisa explorarse, ya que varias de las actividades pertenecen al Paso 4, lo cual no habrás desarrollado aún en esta etapa.
- **Recursos necesarios**: Financieros, técnicos, logísticos, formales y otros requerimientos necesarios para que la actividad se concrete.
- **Tareas**: los puntos que alguien necesita realizar para llevar adelante la actividad; puedes seguirlos al pie de la letra como están detallados o tomarlos a grandes rasgos, dependiendo del contexto.
- **Análisis general**: Crea tres listas.
  1. Los pasos del proceso CALC incluidos en la actividad.
  2. Los pasos del proceso CALC realizados fuera de la actividad, como el análisis de un evento (Paso 4) que alguien más haya hecho.
  3. Los planes para abordar cualquier punto pasado por alto en el futuro.

Figura 12: Elementos a registrar cuando diseñas una actividad de creación

PASO 6

MEJORA LO HECHO

«Eviten toda conversación obscena. Por el contrario, que sus palabras contribuyan a la necesaria edificación y sean de bendición para quienes escuchan» (Efesios 4.29).

Evalúa las nuevas obras con criterios unificados por parte de la comunidad. Recuerda que el objetivo de evaluar algo es construir, no destruir, al igual que el propósito de realizar un cálculo es edificar, no demoler. Ten presente, asimismo, que se puede reducir en gran manera la necesidad de evaluar una comunidad si se incluye a las personas correctas desde el comienzo del proceso co-creativo. Ellas deberían ser: líderes sociales y religiosos, creadores y artistas expertos.

Ahora bien, ¿cómo definir cuál arte es bueno y cuál es malo? La evaluación es compleja; aun así, contamos con herramientas útiles para realizarla.

Confía en el sistema local

Los grupos generalmente comparten un sentido común acerca de cuándo una obra de arte es buena o no, y tienen formas de comunicar lo que debe cambiarse. Desarrolla la investigación de «Estética y evaluación» (Paso 4) para conocer cómo funciona el concepto de lo correcto en la comunidad. En algunas situaciones, por ejemplo, las comunidades descartan obras que se consideran inferiores y evitan exhibirlas en determinadas presentaciones, y de ese modo permiten que vayan muriendo.

Evalúa de acuerdo con los resultados

En el Paso 3, has identificado los efectos del nuevo arte por anticipado. Las obras nuevas deberían influir sobre los miembros de una comunidad para ayudarlos a avanzar hacia la extensión del Reino de Dios. Para poder evaluar si una nueva obra ha tenido los resultados esperados, deberás observar y preguntar cuáles fueron las reacciones de las personas ante ella. ¿Tuvo los efectos deseados? Por ejemplo, un orador puede intentar motivar a la gente a sumarse a un desfile de celebración de su identidad étnica; sin embargo, si los participantes miran distraídos al orador y luego se van a sus hogares, el discurso ha fallado.

Descansa, pero sigue aprendiendo

No puedes estudiarlo todo; por ello, haz lo siguiente:

- Observa la reacción de la gente.
- Escucha lo que dicen.
- Lleva a cabo de forma regular actividades de investigación relacionadas con los géneros que estás trabajando (busca ejemplos en el Paso 4). Tal vez puedes realizar una actividad semanal o mensual.
- Identifica qué tipos de evaluación realizar y cuándo.

Identifica qué tipos de evaluación realizar y cuándo

La evaluación puede tener lugar en el tiempo inicial de creación de una obra, y también puede darse luego de que el compositor presenta su trabajo.

 Realiza las actividades descritas a continuación de «Evaluación efectiva». Probablemente quieras incluir la evaluación en más de un punto del proceso de Creación de Arte Local en Conjunto.

EVALUACIÓN EFECTIVA

Identifica las **estructuras sociales del lugar** y trabaja de acuerdo a cómo sea. Junto a las personas locales define el criterio para evaluar tanto las obras nuevas como las existentes. Pero antes de reunirlas identifica los siguientes aspectos del evento artístico:

- Los **elementos**. Estos deberían incluir cómo utilizar el espacio, los materiales, los participantes, la forma a través del tiempo, las características de la presentación, los sentimientos, el contenido, los temas y los valores comunitarios.
- El **propósito** (o los propósitos). Podrían examinar cómo educa el evento, cómo motiva a la acción, y otros fines que pudo tener la presentación.
- Las **personas** a incluir en el proceso de evaluación: es preciso que estas personas posean el conocimiento, las habilidades y el respeto necesario para ser capaces de evaluar varios elementos; quizás quieras incluir a personas con variedad de edades y grupos sociales.
- Los **objetos** que pueden proveer un punto de referencia para el debate, así no debes apoyarte solamente en la memoria al momento de evaluar. Estos pueden ser el texto de canciones, guiones de obras teatrales, partituras musicales, máscaras, movimientos de danza y grabaciones de video o audio.

Reúne a las personas que has identificado. Muéstrales las obras de arte; luego sigue estos pasos:

Paso 6

- **Afirmen** juntos los aspectos de la creación que funcionaron bien.
- Compartan cuál fue el **mensaje y significado** que la audiencia recibió; cuán **natural** pareció el trabajo en relación al género, cuánto **representa** esta obra a su comunidad y si creen que cumplirá con los **propósitos** que se habían planteado.
- Anima a los creadores a **realizar algo aún mejor** basados en la evaluación.

Figura 13: Evaluación efectiva

PASO 7

CELEBRA E INTEGRA EN POS DE LA CONTINUIDAD

La verdad es que no deseamos que se cree obras de arte nuevas para la extensión del Reino una sola vez, sino más y más veces. Un buen punto de partida para que esto suceda es reflexionar junto a la comunidad las formas en que ellos transmiten nuevas creaciones (nuevas canciones, danzas, destrezas para tallar, etc.). Si es posible, la comunidad debería planificar la forma en que se va a enseñar o transferir las obras artísticas nuevas a otros. Podría ser a través de la decisión de repetir las «actividades para despertar la creatividad» como los talleres o el encargo de obras. Es posible que grupos como asociaciones de danzas o clubes literarios tengan motivación para continuar creando o que la comunidad decida formar nuevos grupos que se encuentren regularmente para ayudar a los miembros a continuar creando con el propósito de extender el Reino.

Si has seguido el proceso CALC, no hay mucho más que decir acerca de cómo integrar y celebrar. Esto es porque la mejor manera de mantener algo bueno en funcionamiento es comenzarlo de la manera correcta. Este proceso te insta a formar relaciones, a animar a otros a crear, a conocer y valorar artistas, planificar, incluir a todos los artistas importantes y personas clave que toman decisiones para las actividades creativas, y a ayudar a producir obras de arte, así como mejores presentaciones de éstas.

Para ayudarte y ayudar a tu comunidad a que mantengan haciendo las cosas duraderas, hemos incluido varios consejos. Como usted muestre estas directrices, usted notará que algunas veces hay cierta incoherencias entre ellas. Bien, esa es la vida. Si la comunidad escucha a Dios y crece en sabiduría, ellos estarán bien.

Motiva a la comunidad a ser Intencionalmente Creativa como un Hábito

Ve a través del ciclo co-crear en este manual de nuevo: **paso 1-7**. Entre más lo haga la comunidad más familiar será el proceso y fluirá regularmente en la vida de los miembros de la comunidad.

Motiva a la comunidad artística a que haga una contribución única al reino de los cielos

La Globalización, el urbanismo, la actividad misionera, las guerras, y otros factores normalmente (pero no siempre) aportan a devaluar y disminuir el interés por las formas artísticas de comunidades minoritarias. El final de apocalipsis 21 sugiere que elementos de cada cultura estarán en el cielo. Cuando nosotros cantamos, danzamos, actuamos, pintamos, y decimos la verdad en formas parecidas empobrecemos las metas de la iglesia en la tierra y el cielo (Al menos en el principio). Entonces, no asuma que las tendencias globales son necesariamente planes de Dios. Cada aspecto de la diversificada creatividad de Dios nos hace experimentar a conocer a Dios mejor.

Anima a comunidades artísticas que son más frágiles

Deberíamos tener cuidado y atención de las comunidades artísticas y formas que están siendo marginadas. La imagen de Dios esta allí.

Anima a comunidades artísticas que están mas cerca a florecer
Queremos nuevo arte que haga diferencias positivas en la comunidad, entonces, innovaciones que se esparzan como el fuego, pueden ser cosas positivas.

Continúa orando y ayudando a cumplir la oración de Jesús: «Padre nuestro que estás en el cielo, santificado sea tu nombre, venga tu Reino, hágase tu voluntad en la tierra como en el cielo» (Mateo 6.9,10). Tu comunidad podrá continuar creando de formas que conectarán el cielo y la tierra ¡de maneras más allá de tu imaginación!

CLAUSURA 1

Perfil Artístico De La Comunidad (PAC) – Un Bosquejo Como Ejemplo

El *PAC* sirve como un archivo donde describir las actividades que un promotor de arte y una comunidad experimenten en relación al proceso **CALC - Creación de Arte Local en Conjunto**. Es un resumen de las secciones del *Manual** para proveer un espacio donde organizar los resultados. Se deben sustituir las palabras en mayúscula con la información actual del contexto, por ejemplo: <NOMBRE DE LA COMUNIDAD> se sustituiría con el nombre de la comunidad en que el promotor trabaja, como CANTON ESMERALDAS, ECUADOR; LAS IGLESIAS METODISTAS DE JOYABAJ, GUATEMALA; LOS ALFAREROS DE CHINAUTLA, GUATEMALA; LOS CHIQUITANOS DE LOMERÍO, BOLIVIA; etc. Se otorga al que quiera la libertad de modificar la estructura, las categorías y el contenido del *PAC*. La tabla del contenido de un *PAC* se ofrece para llenar a continuación:

LA COMUNIDAD <NOMBRE DE LA COMUNIDAD>

Nombre(s) del (los) promotor(es) de arte:

Fechas de trabajo representadas por este documento:

UN RESUMEN BREVE DE PLANES, ACTIVIDADES Y RESULTADOS

- Ciclos de *Creación de Arte Local en Conjunto* completados (en cualquier grado)
- Lista de eventos y géneros investigados (en cualquier grado)

CICLO: <NÚMERO> CON EL FIN DE <EL OBJETIVO DEL REINO>

Paso 1: Conoce una COMUNIDAD y su ARTE
- Echa un primer vistazo a una comunidad
- Echa un primer vistazo al arte de la comunidad
- Echa un primer vistazo a los objetivos de la comunidad
- Comienza estudiando la vida social y conceptual de la comunidad
- Resume los resultados y desafíos del Paso 1.

Paso 2: Define los objetivos para un futuro mejor
- Ayuda a la comunidad a identificar sus objetivos para el Reino.
- Describe un (o dos) objetivo(s) para atender ahora.
- Resume los resultados y desafíos del Paso 2.

Paso 3: Conecta los objetivos a los géneros
- Describe el proceso de la discusión de efectos, contenido, género y eventos.
- Escribe una *Declaración CALC* como un resumen de sus decisiones, en la siguiente forma:
- **<LA COMUNIDAD>** preparará **<EL EVENTO>**, que incluye la presentación del **<GÉNERO>** con el **<CONTENIDO>**, para conseguir **<LOS EFECTOS>** que ayudarán a la comunidad a avanzar hacia **< EL OBJETIVO DEL REINO>**.
- Resume los resultados y desafíos del Paso 3.

Paso 4: Analiza los géneros y los eventos
- Decide lo que parece más pertinente o interesante para investigar.
- Realiza la investigación.
- Anota los resultados en "Descripciones de los géneros artísticos" en la otra cara de esta hoja.
- Resume los resultados y desafíos del Paso 4.

Paso 5: Despierta la creatividad
- Describe los métodos conocidos de composición.
- Identifica oportunidades para maximizar y obstáculos para superar.
- Elige la clase de actividad a organizar.
- Diseña una actividad nueva o modifica una que ya existe que ayuda a la comunidad a alcanzar sus objetivos.
- Realiza la actividad.
- Resume los resultados y desafíos del Paso 5.

Paso 6: Mejora lo hecho
- Identifica y modifica qué tipo de evaluación y mejoramiento quiere usar.
- Realiza las actividades de evaluación y mejoramiento del arte bueno.
- Resume los resultados y desafíos del Paso 6.

Paso 7: Celebra e integra en pos de la continuidad
- Escoge lo que se debe celebrar e integrar.
- Planifica acciones de seguimiento para que continúe la creatividad.
- Resume los resultados y desafíos del Paso 7.

DESCRIPCIONES DE LOS GÉNEROS ARTÍSTICOS: <NOMBRE DEL GÉNERO>

A: Análisis Del Evento: <NOMBRE DEL EVENTO>
- Descripción breve
- Echa un primer vistazo al evento
- Utiliza los *LENTES* para ampliar tu percepción del evento.

B: Aspectos Artísticos De Un Evento
- La música
- El drama
- La danza
- Artes verbales orales
- Artes visuales
- Las interrelaciones entre los elementos formales del evento

C: El Contexto Cultural General De Un Evento
- Los artistas
- La creatividad
- El idioma
- La transmisión y el cambio
- El dinamismo cultural
- La identidad y el poder
- La estética y evaluación
- El tiempo
- Las emociones
- Temas de discusión
- Los valores de la comunidad demostrados
- La inversión comunitaria

D: Explora cómo una comunidad cristiana se relaciona artísticamente al contexto más amplio de su iglesia y su cultura: <NOMBRE DE LA IGLESIA>
- Conoce el arte de una comunidad cristiana.
- Haz una comparación del uso del arte en la Iglesia con su uso en las comunidades a su alrededor.
- Evalúa cómo el arte de una comunidad cristiana actualmente cumple con sus propósitos.
- Realiza una encuesta de la comunidad cristiana para saber cuáles géneros artísticos más tocan el corazón.
- Evalúa las reuniones de adoración de acuerdo con principios bíblicos.
- Evalúa el uso del arte para la adoración en la comunidad cristiana utilizando la Rueda de la Adoración.
- Evalúa el arte de una comunidad cristiana multicultural.
- Asegúrate de que los artistas interpreten bien las Escrituras.

CLAUSURA 2

Resumen de firma de decisiones

Este formato le ayudará a describir las decisiones de la comunidad en el paso 1, 2 y 3.

_____ preparará
La comunidad

_____ que incluye la presentación del
el evento

_____ para
género

_____ para conseguir
el contenido

_____ que ayudarán a
los efectos

_____ a avanzar hacia
la comunidad

_____.
los objetivos del Reino

CLAUSURA 3

Creación de arte local en conjunto (CALC): resumen

1. **Conoce una comunidad y su arte**. Explora los recursos artísticos y sociales que existen en la comunidad.

2. **Define los objetivos para un futuro mejor**. Descubre los propósitos del Reino de Dios en pos de los cuales la comunidad quiere trabajar.

3. **Conecta los objetivos a los géneros**. Escoge un género artístico que pueda ayudar a la comunidad a alcanzar sus objetivos. Elige actividades que puedan dar como resultado una creatividad llena de propósito en dicho género.

4. **Analiza los géneros y los eventos**. Describe el evento como un todo, y a sus expresiones artísticas como artes, en relación con un contexto más amplio. La información detallada de las formas artísticas es crucial para despertar (inspirar) la creatividad. Es importante para mejorar lo que se produce, y necesario para integrar nuevas obras en la comunidad.

5. **Despierta la creatividad**. Implementa actividades que la comunidad haya elegido para inspirar la creatividad dentro del género que los miembros de la comunidad hayan escogido.

6. **Mejora lo hecho**. Evalúa los resultados de las actividades de creación y mejóralas.

7. **Celebra e integra en pos de la continuidad**. Planifica e implementa formas en que esta nueva clase de creatividad pueda continuar en el futuro. Identifica más contextos en donde las formas de arte nuevas y antiguas puedan ser expuestas y representadas.